ISBN 978-88-8398-093-0

Florence, Italy
www.e-p-a-p.com
www.europeanpress.eu

Un piattello per volta

Marco Venturini

European Press Academic Publishing

Florence, Italy

A mio figlio Tommaso e a mio nipote Giulio
che rappresentano il mio successo più grande

Indice

Introduzione

Il protagonista è Marco Venturini da Lamporecchio.

Parlare di Marco è molto difficile, gli aggettivi non bastano mai. Uomo, Marito, Padre, Amico, Campione. Il presente volume di Marco è un "memoir" personale che si snoda fra aneddoti intimi e grandi eventi sportivi. Un mosaico di avvenimenti, che si intrecciano tra ricordi goliardici e spensierati e momenti più personali, più difficili da affrontare, dove l'Uomo si misura con la realtà. Ricordi ricchi di sentimenti. Emerge prima il ragazzo adolescente che con babbo e nonno scopre una folgorante passione per la caccia, poi in età matura un tristissimo evento che esalta e rafforza l'elegante etica morale del grande uomo.

L'Uomo atleta, che ha seguito poche regole semplici, essenziali, che accetta un'ingiusta squalifica con umiltà e coerenza. L'Uomo che penalizza l'atleta, per mantenere la parola data. L'Uomo che rimane in ombra, per fare emergere e gratificare gli altri. L'Uomo che si fa perdonare per avere vinto tanto. L'Atleta imbattibile, forgiato dagli eventi della vita. L'Atleta consapevole, che tornerà ad indossare la giacca Azzurra, come e più forte di prima!

Emerge la forza di un uomo di sport, di rara grandezza, che non scende a compromessi, un'atleta che con tanto sacrificio, passo dopo passo, scalerà più volte le vette del mondo. Va riconosciuto, che dietro ad un grande Uomo c'è sempre una grande donna, Elena, la donna della sua vita.

Una storia semplice, come tutte le grandi storie.

Giorgio Borrione

Capitolo 1

Le mie radici

Il nonno Arrigo e la nonna Serafina abitavano in Candeglia, un paesino piccolo alla periferia nord di Pistoia.

Mio padre e mia madre si erano conosciuti ed innamorati al liceo classico, avevano proseguito insieme gli studi universitari ed entrambi avevano conseguito la laurea in Farmacia.

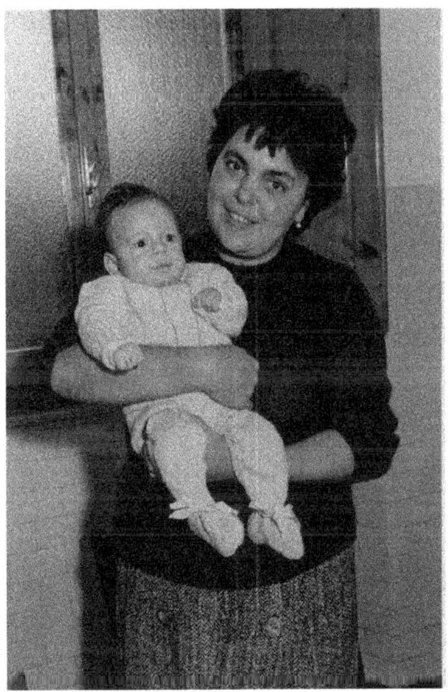

Figura 1.1: *Fra le braccia di mia madre*

Siccome mio padre Piero dirigeva la sede di un'importante industria farmaceutica a Firenze, la Recordati, e la mamma Giovanna era impiegata in una farmacia di Pistoia, io vivevo lì con i nonni, in quel paesino fatto di gente umile, soprattutto contadina, ma ricca dei valori importanti della vita. La nonna era una donna molto energica e di poche parole mentre il nonno era buonissimo e, nei miei confronti, molto permissivo.

La nostra casa non era sicuramente una reggia ma io la ricordo come un posto bellissimo dove ho vissuto un'infanzia che vorrei poter rivivere altre mille volte ancora. Quando tornavo da scuola, dopo aver mangiato insieme ai nonni, la Serafina non mi faceva uscire se prima non avevo fatto le lezioni (i compiti a casa che la maestra ci dava ogni giorno). Poi ero libero di raggiungere i miei amici, per giocare a pallone o a figurine. Ricordo una grande strada asfaltata, senza sfondo dove con due mattoni realizzavamo le porte del nostro campo di calcio e dove restavamo fin quando, a sera, si sentivano i richiami della nonna e delle madri degli altri bambini. Noi si rientrava senza reticenze anche perché, conoscendo bene quell'abitudine, si faceva terminare in tempo la partita. Qui ho mosso i primi passi e mi sono formato al fianco di quei bambini semplici come me, vestiti con abiti umili ma sempre pulitissimi.

La nonna mi ha insegnato il rispetto, l'ubbidienza, la sincerità, il senso del dovere e con lei non potevo sgarrare, il nonno mi assecondava sempre cercando di farmi ottenere ciò che chiedevo e, a volte, anche tenendo tutto nascosto alla nonna. Tutti e due mi hanno amato all'infinito ed io ho voluto a tutti e due un gran bene, in eguale misura, ma quando li ricordo mi rendo conto che assomiglio molto più al nonno Arrigo e di questo ne vado molto fiero.

Il venerdì sera era gioia allo stato puro, alle sette arrivava il babbo da Firenze e ci portava a Lamporecchio dove c'era "casa nostra" e finalmente potevo passare i due giorni di festa con i miei genitori. Babbo era nato a Lamporecchio e non vedeva l'ora di poterci tornare definitivamente con noi, ma per adesso questo ci appariva soltanto come un sogno lontano.

Non ho mai conosciuto la nonna Tosca ma le persone del paese mi parlano di una donna buona e sempre disponibile ad aiutare chiunque avesse bisogno. Il nonno Tullio, alto e magrissimo, era uomo tutto di un pezzo che cercava di nascondere la propria anima e non aveva mai un gesto di debolezza e di affetto nemmeno nei miei confronti, ma ciò nonostante, io avvertivo forte il suo bene grande ed una volta dopo che mi aveva brontolato energicamente lo vidi piangere di nascosto.

A Lamporecchio andai a vivere quando iniziarono le scuole medie. Non impiegai molto tempo per capire che in fondo le anime delle persone degli anni 60 erano molto simili fra loro e non fu difficile costruire con i miei coetanei lo stesso rapporto semplice e sincero che avevo avuto con gli amici che, a malincuore, avevo dovuto lasciare in Candeglia. Ciò che era diverso, nel mio nuovo paese, era l'interesse nei confronti dello sport. Qui ogni sport era molto sentito e ovunque si parlava di calcio, di ciclismo o di qualsiasi altro sport, esaltando le imprese dei campioni, fossero anche non italiani.

Noi ragazzini facevamo tutti parte delle squadre giovanili della "Lampo" calcio. Lì c'era Pietro Marradini, eccellente personaggio di Lamporecchio, che ha dedicato l'intera sua esistenza alla vita sportiva del paese. Lui, ci spingeva a giocare, ci dava le scarpe e la maglia, e soprattutto ci stimolava a non mollare mai facendoci sentire tutti campioni.

Privilegiato è un paese che incontra sul proprio cammino una persona come Pietro. Con il suo aiuto io ci provai in ogni modo, ma dal portiere al centravanti, in ogni ruolo faticavo molto e c'era sempre uno più forte di me che mi sostituiva. Una mattina seduto su quella panchina dello "Stadio dei Giardinetti" di Lamporecchio realizzai che quella posizione di secondo piano non faceva per me, che, almeno qualche volta, avrei voluto essere io quello più bravo, e decisi di abbandonare quel ruolo di riserva.

Lasciai agli altri il mio posto alla ricerca di mondi nuovi da scoprire. Andai in bicicletta, in piscina al tennis, dove mi accompagnava Pietro, ma ogni volta, pur essendo bravino, trovavo sempre il sistema di perdere per un pelo la partita.

Poi un giorno con mio padre...

Capitolo 2

Il Poggio di Meone

La domenica pomeriggio il campo di tiro al piattello detto "Poggio di Meone" a Lamporecchio, era la meta prevalente di molti uomini del paese. Quasi tutti sparavano qualche piattello, molti si cimentavano in una "garetta" con premi gastronomici, gli altri facevano il tifo sostenendo l'amico o il parente in gara. Mio padre che aveva contribuito a far nascere il campo era uno di quelli più bravi; io ero quasi sempre con lui.

Un giorno babbo mi disse "Marco ho pensato che se vuoi è giunto il momento di provare a sparare a cinque piattelli". Le mie braccia sostenevano a malapena il vecchio Sirio Breda di babbo ma acconsentii e uno dei cinque piattelli si frantumò alla mia fucilata... ci fu qualche applauso. Io restai folgorato dall'emozione. Nacque una passione che non se ne andrà più via e che ancora oggi conservo con cura dentro di me.

Da quel giorno in poi aspettavo solo la domenica per sparare altri 10 piattelli, i miei 10 piattelli che potevano farmi provare di nuovo quell'emozione forte che nessun altro sport era riuscito a regalarmi.

Da subito iniziai ad affiancare mio padre in ogni cosa che riguardasse il tiro, facendogli mille domande. Spendevamo molto del nostro tempo libero a parlare di impostazione puntamento e soprattutto a preparare le cartucce che a quel tempo facevamo da noi a casa. Ricordo ancora

(a) (b)

Figura 2.1: *a) Al fianco di mio padre... filo conduttore prezioso della mia vita; b) I primi colpi*

la dose: GP gr. 1,80 per 32,2 di piombo n°8 con la borra 20/18 Baschieri e Pellagri e l'innesco Fiocchi 5,45, con il bossolo rigorosamente ricaricato.

Ed arrivò Agosto e la festa annuale di Lamporecchio "La Fiera". In quei giorni di festa al Poggio di Meone si svolgevano due gare di tiro: una importante a 50 piattelli per tutti i tiratori di categoria che provenivano anche da lontano, e l'altra a 25 piattelli per i principianti del paese. Mio padre mi iscrisse alla gara dei principianti pur non avendo io mai sparato a così tanti piattelli di fila. Alla fine della gara solo due avevano rotto 19 piattelli su 25: il primo era Ubaldo Leporatti detto Palaccio, un gran cacciatore e l'altro ero io. Allo spareggio prevalse lui ma quella piccola coppa destinata al secondo classificato non mi fece dormire per tutta la notte.

Credo che ogni risultato sia da rapportare al momento in cui accade e l'emozione che può scaturirne sia in rapporto al nostro livello sportivo di quel preciso momento. Ancora oggi se qualcuno mi chiede quale traguardo sportivo mi ha dato più forti emozioni, nella mia mente ritorna immediatamente quel pomeriggio del 1975 al Poggio di Meone, a quel mio primo trofeo vinto dopo aver perso lo spareggio con il grande Palaccio.

Capitolo 3

Come in un film

Nel settembre andai con la mamma una settimana in Candeglia, in quella casa dove avevo vissuto il mio primo pezzo di vita, soprattutto per stare un po' con i nonni e ritrovare i miei amici. Raccontai al nonno le mie gesta col fucile e lui mi ascoltava ed insieme sognava visto che lui era sempre stato appassionato di caccia e sperava tanto che io seguissi le sue orme e che diventassi bravo col fucile.

Erano i giorni immediatamente dopo l'apertura della caccia ed il nonno all'indomani sarebbe andato al capanno. Conoscevo il rumore del motore del vecchio ITOM del nonno perché su quel motorino avevo fatto qualche giro di nascosto alla nonna, ma nella notte quel rumore era ancora più forte e diventava quasi insostenibile. Misi alle spalle la portantina con i due merli da richiamo e sedetti dietro al nonno; qualche chilometro e giungemmo alla fine di un sentiero, nel bosco, dove dovevamo abbandonare il motorino e proseguire a piedi. Avevo spesso sentito parlare di caccia e si raccontava della bellezza e dei suoni della notte ma la visione della luna che, camminando, ogni tanto compariva nei buchi che si aprivano fra le piante, il canto dei rapaci nel bosco e dei galli vicino alle rare case dei contadini, scavavano nei miei occhi e nel mio cuore un solco profondo, un'energia ed una passione magica che non avrei mai più potuto abbandonare.

Giungemmo al capanno, preparato per l'occasione dal

nonno Arrigo, un semplice riparo angusto e molto piccolo, tutto chiuso fra le frasche dove c'erano solo due buche una per me e una per lui, per vedere se si avvicinava qualcosa. I nostri merli iniziarono subito a far risuonare il loro inconfondibile canto, il cuore mi batteva forte. Mi aveva sempre detto che sarebbe stato l'ultimo anno di caccia, che ormai i suoi occhi non erano più in grado di mirare con precisione e che spesso il merlo lo vedeva solo quando, avendo scoperto il tranello, se ne tornava velocemente al sicuro nella macchia. Ma io non ci avevo creduto. Mi accorsi che era vero quando un merlo arrivò e si mise di fronte alla buca del nonno; lui restò impassibile. Sparai io e i suoi occhi si illuminarono di una luce diversa lasciando trasparire una gioia profonda. . . .sarei stato io il suo erede. Qualche tempo dopo, a 16 anni e con la firma di babbo presi il porto d'armi. . . il nonno lo portai a caccia con me per molto tempo.

Figura 3.1: *Nonno Arrigo*

Capitolo 4

Un mondo meraviglioso

Mi ritrovai immerso in un mondo meraviglioso, "il mondo del tiro degli anni 70 80". Avendo vissuto quell'epoca posso dire che oggi è tutto completamente diverso.

In Toscana esisteva una miriade (più di 60) di società delle quali tre quarti erano piccole realtà dotate di una sola fossa universale e realizzate da persone passionisti della caccia con l'aiuto del proprio comune o dell'associazione venatoria del paese. È grazie a quelle piccolissime realtà ed alla disponibilità disinteressata di persone che mettevano a disposizione la loro sapienza, che un gran numero di persone si avvicinava al nostro mondo.

La domenica, su ogni campetto, c'era una gara quasi sempre gastronomica oppure con premi in medaglie o coppe e gli abitanti del paese dove risiedeva ogni singola società passava la giornata sul campo. Non c'erano persone con la giacca e la cravatta ma gente semplice che si dava da fare senza nessun interesse materiale se non quello, magari, di incrementare il lancio dei fagiani nella propria zona venatoria o solo per far sì che la gente con la nostra passione avesse un posto dove passare bene il tempo quando la caccia era chiusa. Ed è stato attraverso la passione e l'impegno di quelle persone che era nata una realtà che era cresciuta fino a diventare negli anni novanta un movimento gigantesco fatto di molte decine di migliaia di tiratori.

A gestire il Poggio di Meone c'era un omone grosso

che si chiamava Poldo Talini e che ha sempre dedicato il suo tempo libero al tiro a volo con una passione infinita. Queste piccole società sono tutte sparite e a mio avviso il tiro senza le piccole società non può vivere poiché il numero dei tiratori non può che diminuire.

Io con mamma e babbo in compagnia di qualcuno dei nostri amici ci spostavamo spesso per raggiungere qualche altro campo dove magari c'era una gara che ci piaceva. Sparavamo l'unica nostra serie di 25 piattelli e, bene o male che fosse andata, restavamo per la premiazione per render merito al vincitore che, a quei tempi, era quello che in quella gara aveva rotto più piattelli di tutti gli altri. Io avevo provato il fucile dello zio Roberto detto Bobbe, tiratore mancino. Era un Beretta S 58 con canne boheler e malgrado avesse il calcio deviato a sinistra, mi sembrava di spararci bene. Come mi aspettavo, lo zio, che era molto buono e mi voleva tanto bene, me lo regalò. Da quel giorno possedevo un fucile tutto mio e potevo anche sparare a fianco di mio padre nella stessa pedana.

Ormai erano passati due anni da quella gara dei principianti, io miglioravo a vista d'occhio ed ogni tanto battevo anche il babbo. Ricordo che mi succedeva di rompere 24 piattelli ma non riuscivo mai a fare 25 e le prime sette volte che avevo rotto i primi 24 piattelli sbagliai sempre l'ultimo fino a confidare a mio padre di esser certo che non sarei mai riuscito a fare 25 su 25.

Succedeva spesso di incontrare sul campo qualche tiratore famoso ed un giorno Sergio Matteoni, appartenente alla squadra nazionale di quel tempo e molto amico di mio padre, ci consigliò di partecipare al Campionato Italiano, a Bologna, dove i primi tre junior classificati avrebbero indossato la casacca azzurra. Ne parlammo molto in casa, anche con la mamma, ma, nonostante le mie preghiere mio padre asserì con massima determinazione che, se avessi voluto partecipare a quella gara, avrei dovuto affrontarla da solo, senza genitori. A malincuore chiesi a Sergio se potevo andare con lui. Il giovedì mattina partimmo alla volta di Casalecchio di Reno. Un campo così grande non lo avevo mai visto e quando iniziò la gara sentii subito la mancanza di mio padre, gli telefonai chiedendo di raggiungermi ma in lui era forte la convinzione che dovevo abituarmi a fare tutto da solo. Condussi le prime due giornate di gara fra alti e bassi poi il sabato sera al telefono finalmente mia madre mi disse che era riuscita a convincere il babbo e che, all'indomani, mi avrebbero raggiunto a Bologna.

Vidi il Fiat 128 verde di babbo entrare nel grande parcheggio di Casalecchio di Reno poco prima di dover sparare l'ultima serie. Mi si aprì il cuore. Avvertivo la loro presenza dietro di me, e fui pervaso da una forza nuova; riuscii a fare 25/25 concludendo la gara con 136/150. Conoscevo bene Daniele Cioni; mi aveva impressionato per la sua classe e la sua forza. Per me era imbattibile ed infatti vinse lui con largo vantaggio, secondo fu Aniello Albero che aveva fatto un piattello più di me. Mi dissero che solo uno poteva raggiungermi, un ragazzo umbro mingherlino che doveva sparare al campo cinque. Andai a vederlo e ricordo con estrema chiarezza il centrale alto che al 15° turno se ne andò illeso facendomi capire che avevo fatto il terzo posto... se tutto era vero avrei fatto parte della squadra nazionale. Il tiratore umbro era Marco Conti.

Capitolo 5
Il primo schiaffo

Quello per Dorchester era il mio primo volo aereo; la divisa, giacca azzurra e pantaloni grigi di lana pesante, fu cucita con emozione da un anziano sarto del paese.

Il passaggio dalla panchina della Lampo a rappresentare l'Italia al Campionato d'Europa fu velocissimo e mi sembrava di vivere in un film; Carlo Danna, Silvano Basagni, Angelo Alberto Giani, Alberto Carneroli e Giorgio Rosatti, fino allora, erano dei campioni stellari e irraggiungibili, una sorta di extraterrestri, e adesso erano i miei compagni di viaggio protesi a darmi consigli per aiutarmi a superare ostacoli più grandi di me.

Il primo giorno di gara avevo dentro tanta paura di sparare male e rovinare la mia squadra ma sentivo di muovermi dentro un'atmosfera soffusa e piena di concentrazione. Realizzai cinque 24/25 nelle prime cinque serie e mi trovai solitario in testa alla classifica con 120/125. Entrai in pedana per l'ultima serie... quella iniziale paura di sbagliare si era trasformata in una sensazione inconscia di vittoria e inanellai, uno dopo l'altro, cinque errori che mi riportarono bruscamente sulla terra. Aveva vinto ancora una volta Daniele ed io dovevo fare lo spareggio con l'ungherese Ludman per la medaglia di bronzo; persi anche quello; non piansi fino al rientro in albergo quando telefonai a mio padre. *Credo che il dolore così forte della delusione sia stato un immenso mattone a costruire una base più solida per il mio futuro.* Adesso se mi fossi ritrovato di nuovo in testa ad una gara importante, l'ultima serie l'avrei affrontata con la consapevolezza che in questo sport la situazione può cambiare radicalmente in pochi attimi e farti precipitare dagli allori di una possibile vittoria al dramma della più cocente sconfitta.

Quella sera, Nando Rossi, vicepresidente della Fitav e accompagnatore ufficiale della squadra telefonò a casa e disse a mio padre che avevo subìto una sconfitta dolorosa ma che fino a quel momento avevo costruito una quasi vittoria con tanta classe... "signor Venturini secondo me Marco è molto bravo e sicuramente diventerà forte".

Capitolo 6

La mia atmosfera magica

Umberto Masi detto Berto di Franca, anche per distinguerlo da Berto di Gigio, era un anziano cacciatore di colombi e tordi, molto simpatico, che andava quasi sempre a caccia accompagnato soltanto dalla sua fedele cocker di nome Kira soprattutto perché non accettava che gli amici commentassero le sue frequenti "padelle". Anche Romolo Postori, altro personaggio straordinario di una storia bellissima e ormai lontana, narrava sempre di cacciate proficue e tiri maestosi ma tutti e due erano conosciuti come cacciatori dalla padella molto facile.

A Lamporecchio, ai tempi, la caccia era molto sentita e in ogni famiglia c'era almeno un cacciatore. Nessuno mai avrebbe criticato la caccia, il cacciatore era molto rispettato e quando qualcuno prendeva una lepre o un buon carniere di tordi era una festa per tutti.

Quando entrai nel bar Antico Masetto, Berto era seduto silenzioso in mezzo a tutti gli altri. Entrò il Postori, il più scherzoso, che arrivava sempre con qualche trovata o aneddoto che provocava grande allegria. Suscitando stupore in tutti noi, quella sera, iniziò raccontando la sua mattinata a caccia di sasselli; primo branchetto e padella clamorosa poi un'altra padella e un'altra ancora e sulla bocca di Berto comparve una sorta di sorriso con annuizione compiacente. Tutti ci domandavamo dove voleva andare a parare Romolo; a un certo punto disse "viste le innumerevoli padelle mi sono chiesto se fossi veramente io a sparare; ho estratto la carta d'identità dal portafogli e indovinate chi ero? Masi Umberto." "Dovresti pensare alle tue di padelle, asino, che non prendi nemmeno in un portone" disse Berto alzandosi e andandosene verso l'uscita. Questa era la mia atmosfera magica, fatta di semplicità e di gente umile che mi hanno insegnato la vita. La sera successiva tutto era già passato e tornavamo a parlare di caccia e ad organizzare la prossima uscita venatoria nella stessa armonica goliardia di sempre. Quella sera di agosto mi si avvicinò Francesco Venturini, fratello di Venturino e figlio di Pollonia, cacciatore all'antica e passionista di lepri, tutti cacciatori bravi anche se io ho sempre ritenuto Francesco il più forte cacciatore della famosa Banda Masetto, squadra che comprendeva tutti i cacciatori che la sera si ritrovavano al bar. Mi disse, "l'apertura la facciamo insieme? Che ne pensi?". Non esitai un attimo "Certo" risposi velocemente; mi sentivo onorato di poter andare insieme a Francesco che stimavo tantissimo, sicuramente sarebbe stata un'avventura magica e poi, avrei potuto imparare molto. "E allora" concluse "partiamo sabato alla ricerca di un posto, e poi ci fermiamo per la notte, lì vicino ai nostri capanni".

Per noi quella ZAZ blu era la più bella macchina del mondo anche se alla massima velocità di crociera, forse, poteva raggiungere i 70 all'ora. Ci fermammo in quel di Rosia, in prossimità di alcuni campi di girasole appena battuti e attraversati da un ruscello, dove c'erano una ventina di tortore che pascolavano. Costruimmo i nostri due capanni con minuziosa attenzione per renderli assolutamente mimetici poi si accese un fuoco e con un bicchiere di vino ci sedemmo ad aspettare la notte sognando l'indomani.

Oggi, molto più di allora, mi accorgo che stavamo vivendo una favola straordinaria, in un'atmosfera di magia che soltanto la caccia ci può far vivere. Durante la notte, più volte, mi trovai a guardare dal vetro il mio capanno illuminato dalla poca luce di una piccola falce di luna. In lontananza le prime luci dei fari dei cacciatori che raggiungevano le loro postazioni; poi l'alba e, col cuore in gola, le prime fucilate. Riportammo solo due o tre tortore ma quella mia prima apertura con Francesco non l'ho mai dimenticata.

Figura 6.1: *Io con i miei colleghi Daniele, Albano e Andrea Benelli, insieme a una parte della Banda Masetto*

Capitolo 7

Superare l'impossibile

Mamma e babbo mi regalarono un Beretta SO4 ed io, a malincuore, abbandonai il vecchio S 58 mancino che mi aveva accompagnato nei miei primi due anni di competizioni. Ero affascinato da quel nuovo fucile meraviglioso e nonostante avesse inizialmente scombussolato i miei punteggi, sentivo che fra noi sarebbe nato un feeling importante.

Quando arrivò la finale del Campionato Italiano junior a Roma avevo già iniziato a fare dei buoni risultati. Sullo storico Campo di Trigoria si respirava l'atmosfera dei grandi eventi. L'anno precedente, il 1978, ero riuscito a vincere la medaglia d'argento sempre dietro al mio amico imbattibile Daniele Cioni. Sparai sempre bene, per tutta la gara, e dovevo affrontare l'ultima serie, sull'ultimo campo nell'ultima batteria. Anche se avevo cercato di restare in disparte da solo, non ero riuscito a defilarmi completamente da tutti e mi raggiunse la notizia che con 24/25 avrei vinto lo scudetto ma che con due zeri sarei stato raggiunto dal mio avversario di sempre. Al settimo piattello non riuscii a controllare la tensione forte e feci zero sbagliando il primo colpo e senza nemmeno riuscire a sparare il secondo. Mi ricordai la gara inglese di due anni prima. In me era scontato che avrei sbagliato ancora ma cercai, con tutte le forze che avevo dentro, di oppormi al pensiero ripetendomi: "*uno per volta Marco*", "*uno per volta*". Fino all'ultimo piattello; quando uscì quel destro montante mi

Figura 7.1: *Agli inizi col mio nuovo SO4 ed il mio grande maestro Ubaldesco Baldi*

trovò assolutamente pronto e alla mia fucilata si dissolse in una palla di fumo scuro che ricordo ancora perfettamente. Mi piegai nascondendo la faccia e vomitai.

In un attimo tutta la sofferenza che mi aveva attanagliato per tutta la serie, si trasformò in una piacevole sensazione liberatoria; in quel fumo grigio c'era tutto il dolore per il disastro dell'europeo, e c'era anche l'incredibile consapevolezza di aver superato ciò che credevo impossibile superare. Avevo battuto Daniele Cioni. Mi girai e c'era lui; ci stringemmo in un abbraccio che rese ancora più forte la stima e l'amicizia che c'era già e che sarebbe durata per sempre.

Capitolo 8

Fabrizio Brogi

Finite le scuole medie scelsi il liceo scientifico "Duca d'Aosta" a Pistoia. Da Lamporecchio ci ritrovammo in cinque nella stessa classe; la prima F. Insieme a me Fabrizio Brogi che era l'amico più importante che avevo; ci assomigliavamo molto nel carattere ed avevamo più o meno gli stessi interessi; lui che possedeva un'anima grande e che era bravissimo a scuola non avrebbe mai rinunciato ad aiutare chiunque avesse avuto bisogno pur rischiando il richiamo del professore. Il primo giorno, quando entrammo in classe, notai subito la ragazzina che sedeva al primo banco, mi sembrò molto bella e dopo aver chiesto l'autorizzazione a Fabrizio ci sedemmo nel banco dietro di lei. Si chiamava Elena.

Durante i cinque anni di liceo passati insieme, cercai spesso di manifestarle il mio interesse ma lei sembrava non vedermi. Fabrizio era sempre con me e anche quando ero tornato da Roma con il tricolore lo avevo trovato di fronte a casa ad aspettarmi per abbracciarmi per primo. Quella sera di maggio iniziò a piovere ma io gli proposi comunque di andare a Pistoia a studiare da Elena visto che l'esame di Stato era ormai alle porte. Poco dopo partimmo per Pistoia con la mia macchina, un'Alfa sud verde bottiglia. Io ricordo che andavo piano preoccupato dell'asfalto viscido ma evidentemente avevo sottovalutato il problema e la macchina a un certo punto della strada, su una leggera curva a destra, perse completamente aderenza; uscimmo di strada e l'auto dopo un salto di un paio di metri e qualche forte scossone si fermò capovolta ai piedi di un ulivo secolare. Il finestrino era rotto ed io disperato uscii da lì dicendo a Fabrizio di seguirmi. Lui non riusciva a muoversi. Corsi forte verso la strada in preda ad un pianto senza limite, urlando al cielo aiuto, finché un'auto mi vide e si fermò. Ricordo l'arrivo dell'ambulanza ed il viaggio verso l'ospedale; Fabrizio mi faceva coraggio; poi il trasferimento a Firenze e l'operazione immediata. . . la diagnosi fu inclemente "frattura scomposta alla quinta vertebra cervicale"; i giorni successivi ci avrebbero chiarito se un giorno Fabrizio sarebbe potuto tornare di nuovo a camminare. Senza lui rifiutavo qualsiasi cosa, anche di sostenere l'esame di Stato, smisi completamente di sparare e stavo sempre vicino al suo letto. Io facevo programmi per quando sarebbe tornato a casa, lui continuava a ripetermi che io non mi sarei mai dovuto sentire in colpa perché non ne avevo. Poi una notte di fine giugno dopo 50 giorni di sofferenza Fabrizio mi lasciò da solo. Al processo io non volevo essere difeso, qualsiasi punizione sarebbe stata niente rispetto al mio dolore. Vidi arrivare Cristina, sua sorella, era venuta a testimoniare a mio favore riportando al giudice le parole di Fabrizio: "Marco non ha colpe, andava molto piano. La colpa è stata soltanto dell'asfalto viscido e del fatto che su quel pezzo di strada non ci fosse alcun guard rail". Fabrizio era riuscito ad aiutarmi anche dopo la sua morte. Al funerale Elena non mi lasciò solo un attimo e non mi avrebbe mai più abbandonato per tutta la vita.

Figura 8.1: *Il mio Fabrizio Brogi*

Capitolo 9

La mia trasformazione

Il tempo passava regolarmente e quel dolore disperato si era trasformato in una tristezza profonda che mi impediva di riprendere contatto con la mia vita.

Mi avevano raccontato che i miei colleghi avevano fatto bene al Campionato d'Europa ma io restavo in disparte a pensare perché quella situazione era capitata proprio a me e perché io non mi ero fatto alcun male mentre Fabrizio aveva dovuto subire quella sorte maledetta.

Quell'anno il campo di tiro di Montecatini, che nel frattempo era diventato il più bel campo di tiro d'Italia, avrebbe ospitato il Campionato del Mondo ma io, nonostante che babbo spesso cercasse di riportarmi sul campo, non intendevo riprendere a sparare. Sabino Panunzio, segretario della federazione e responsabile della formulazione delle squadre nazionali fece una telefonata a mio padre dicendogli che anche se non avevo sparato mai e che quindi non sarei stato assolutamente preparato, avrei avuto un posto come titolare della squadra junior al Campionato del Mondo. A cena mio padre mi raccontò del colloquio con Panunzio senza commentare e senza dirmi quello che lui avrebbe voluto che facessi, anche se gli si leggeva con chiarezza negli occhi. Mi disse soltanto che non avrei potuto fermare la vita e che se quell'incidente maledetto era capitato a me, io e soltanto io potevo superare il dolore e ricominciare a vivere, anche per lui e per mamma; in fondo Fabrizio se avesse potuto sicuramente mi avrebbe consigliato di provarci.

Mi presentai al raduno della squadra senza mai aver sparato un colpo e mi accorsi che il mio modo di pensare e di affrontare la gara era cambiato totalmente. Se prima mi spaventava affrontare la gara ora, quella sensazione dolorosa della paura, era stata spazzata via dall' esperienza drammatica che avevo vissuto da Maggio. Per tutta la gara Fabrizio non se ne andò mai dai miei pensieri e con me affrontò ogni piattello. Quei tre giorni passarono velocemente senza tanto patema d'animo e quando alla fine stavo per vincere non avvertii nessuna paura, ma continuavo a stringermi a Fabrizio cercando di rompere il piattello successivo, soprattutto per lui. Il mio punteggio di 192/200 avrebbe fatto il podio anche fra i tiratori senior visto che il Bronzo assoluto fu del mio compagno di squadra Angelo Alberto Giani con 190/200.

Sentii chiaramente che la mia anima si era profondamente trasformata in seguito agli eventi vissuti e aveva trasformato un tiratore debole in un tiratore molto più forte. Quando ruppi il piattello della vittoria detti uno sguardo al cielo e dissi a Fabrizio che il campione del mondo era lui.

Figura 9.1: *Campione del mondo Juniores. Primo a sinistra il dott. Nando Rossi ed a destra Sabino Panunzio*

Capitolo 10

Ciao... junior

Mi accorgevo che, giorno dopo giorno, recuperavo gradualmente la voglia di andare avanti; avevo instaurato un rapporto molto forte con Rinetta e Franco, i genitori di Fabrizio, e con Cristina che quasi sentivo come una sorella. I nostri sguardi ci riportavano a Fabrizio ma cercavamo di non parlarne; le loro parole erano sempre protese a farmi sentire incolpevole. Con loro, io, mio padre e mia madre, ci ritrovavamo spesso la domenica per mangiare insieme. Credo che la loro vicinanza non solo fisica, ma soprattutto psicologica, sia stata fondamentale per farmi superare il mio infinito contrasto interiore.

Così iniziò il 1980 il mio ultimo anno da junior, poi avrei dovuto vedermela con i tiratori importanti, che fino a poco tempo prima erano, per me, solo degli idoli, personaggi inarrivabili che vivevano in un mondo a me sconosciuto. Fui convocato e partecipai all'europeo di Saragozza, in Spagna. Daniele non faceva più parte della categoria junior e non c'era; giunsi alla fine della gara in testa a pari merito con Guelpa, giovane tiratore francese di cui si sentiva parlare come di un giovane molto forte. Nel barrage per il titolo non sbagliai mai, lui fece due errori. Il mese successivo vinsi anche, per il secondo anno consecutivo, il Campionato Italiano.

Mi rendevo conto che erano prestazioni superbe e medaglie importanti ma io le acquisivo senza più avvertire l'entusiasmo dei tempi antecedenti alla perdita del mio amico straordinario. Cominciai a pensare alle stagioni successive che mi avrebbero chiarito se ero in grado di competere nell'élite del tiro professionistico.

Così lasciai la categoria dei giovani avendo vinto due scudetti italiani un titolo europeo e un titolo mondiale; praticamente tutto quello che era possibile vincere.

La prima stagione da senior militai, per mia scelta, nella prima categoria, avevo chiesto alla federazione di non essere promosso d'ufficio da junior alla categoria extra. Volevo procedere per step e non mi importava sentirmi un tiratore importante, ma volevo valutare i miei progressi attraverso il passaggio in ogni categoria, ed eventualmente dopo sentirmi, a ragione, nella massima categoria.

A Torino sullo strepitoso impianto di Orbassano realizzai il mio primo 197/200 vincendo di prepotenza il Gran Premio Fitav, poi a fine estate giunse anche il titolo italiano di prima categoria. Ho sempre ritenuto che la mia scelta fu determinante per la mia crescita.

Capitolo 11

La magia del padule

Per ogni stagione di tiro che volgeva verso la fine c'era sempre più bisogno di staccare per riposarsi ed affiorava con sempre maggiore forza quel bisogno di visioni magiche che solo la caccia sa dare.

Quella ricerca delle sensazioni vissute la mia prima notte a caccia con il mio nonno Arrigo, il respiro fresco in Monte nell'attesa dell'alba di una giornata di passo, la bellezza di esporre i richiami e la magia dei loro canti, quei tramonti colorati di fuoco seduto accanto a mio padre, anche senza parlare, l'albore di un fuoco nelle notti gelate aspettando l'alba, sono flash di una storia fantastica che solo la caccia può donare a chi la ama, e che non finisce mai di stupire.

Fosco, padulano di eccezione da sempre, eccellente personaggio e grande amico di mio padre, quella sera venne a trovarci e ci disse: "Piero oggi in Padule sono arrivati diversi branchi di bozzoletti (alzavole) e di germani".

Il Padule è una zona umida limitrofa a Lamporecchio, che si estende fino a Fucecchio e si spinge per molti chilometri fino ad Altopascio, ed accoglie durante l'anno quantità di uccelli acquatici che qui trovano l'habitat migliore per trascorrere certi periodi dell'anno. La mano e la passione dei cacciatori della zona contribuiscono da sempre al mantenimento di un ambiente perfetto e bellissimo che, pur soffrendo, ancora oggi resiste, grazie a loro.

Figura 11.1: *Magia del padule di Fucecchio*

Fosco Innocenti detto "Cantarini" in estate era il nostro compagno domenicale sui campi di tiro, ma nel periodo della caccia non abbandonava mai il suo cesto (appostamento su uno specchio d'acqua) in Padule, dove andava con il barchino trasportando due fedeli anatre da richiamo che lasciava scendere dalla barca in mezzo allo specchio d'acqua, e che risalivano nella barca quando era finita la giornata di caccia.

Quella sera, io gli chiesi dove sarei potuto andare per cacciare quegli animali in Padule... "quando arrivi al porto delle Morette superi i primi due canali sulla sinistra e prendi l'argine dopo il terzo canale, cammini fino a quando trovi due vecchie salciaie e ti apposti". Il giorno seguente, alle cinque del mattino presi il fucile, qualche cartuccia e salii sulla mia vespa 50 per raggiungere quel porto che già conoscevo. Quando arrivai la nebbia era così fitta che non riuscivo a vedere niente ed anche la mia piccola torcia non mi era assolutamente d'aiuto. Mi feci coraggio e mi incamminai a piedi cercando i canali che mi aveva indicato Fosco.

La magia dei canti e dei rumori del Padule è straordinaria. Credo che in quell'ambiente notturno il suono risalti molto di più che in ogni altro posto del mondo ed il canto di una gallinella d'acqua a centinaia di metri appare vicinissimo. Sentivo ovunque movimenti e sciacquii e, ad un certo momento, una nutria si tuffò nel canale a un metro di distanza da me bloccando il mio respiro e facendomi sentire il cuore in gola. Presi l'argine dopo il terzo canale e camminai nella nebbia per un po' senza trovare le salciaie. Mi fermai per aspettare il giorno e caricai il fucile. A quei suoni soavi del Padule ad un certo punto si sovrappose un forte soffio che passò sopra la mia testa e che dopo qualche secondo tornò di nuovo; capii che erano uccelli in volo veloce pur essendo notte scura. Mi invase un'emozione profonda pur non vedendo assolutamente niente. Arrivarono altri soffi e, pian piano, finalmente l'ambiente circostante iniziò ad illuminarsi pur resistendo quella nebbia impenetrabile alla vista. Ci furono le prime scariche dei cesti dei padulani e pensai a Fosco.

Pur provando una sensazione di inconsapevole paura mi dicevo che comunque sarebbe valsa la pena essere stati lì quella notte indipendentemente dalla possibilità di sparare.

Quando sentii di nuovo quel fruscio di ali, a malapena riuscii ad intravedere delle ombre sopra di me, e sparai, senza mirare, un solo colpo che fatalmente fu seguito, dopo qualche secondo, da un tonfo nell'acqua che mi fece capire che avevo preso un animale. Camminai verso quel rumore e quando vidi il germano reale maschio galleggiare a pancia in su nell'acqua mi fermai quasi senza respiro. Restai lì e dopo pochissimo tempo il rumore di ali si fece avanti un'altra volta. Questa volta vidi bene le tre sagome velocissime che sfrecciavano sopra di me, imbracciai il mio Benelli, sparai, ed al primo colpo una delle tre sagome si chiuse colpita a morte lasciando nei miei occhi un'immagine sublime, e mi raggiunse sbattendo forte sull'argine.

Era un bozzoletto (alzavola), lo raccolsi, lo accarezzai, poi a fatica, riuscii a recuperare il germano dall'acqua e iniziai a camminare veloce verso la Vespa. Era tempo di correre a casa e raccontare tutto a babbo. Non era importante aspettare un altro tiro, era già troppa l'emozione che mi avevano dato quei due animali stupendi.

Purtroppo spesso l'uomo tende a stravolgere l'essenza delle cose ed oggi spesso anche il cacciatore dimentica cos'è la caccia, tende a privilegiare grandi carnieri agli aspetti più semplici e veri della sua giornata venatoria, e spesso si perde in pubblicazioni di foto inopportune anziché condividere l'avventura con i suoi preziosi amici di caccia.

Capitolo 12

Una seconda famiglia

Nel 1982 in gennaio seppi da alcuni amici che la Beretta aveva sponsorizzato una decina di tiratori giovani, regalando un fucile a ciascuno di loro. Io avevo sempre usato fucili della gamma Beretta, tutti acquistati da mio padre. I miei genitori non davano peso a nessuna cifra che serviva per comprare tutto ciò che si riteneva potesse aiutarmi nel tiro, ma io sentivo tanto il peso di quelle spese. Pensai che quel fucile in sponsorizzazione lo avrei meritato anch'io, e che mi avrebbe permesso di contribuire in parte alle spese sempre più importanti che i miei genitori dovevano sostenere. Chiesi spiegazione alla dirigenza aziendale, tale dottor Lancini, ricevendo una risposta decisa: "non ci abbiamo proprio pensato, e purtroppo adesso, il nostro budget è esaurito". Raccontai la storia a Sabino che capì il mio stato d'animo e mi ventilò l'idea di fare una telefonata alla Perazzi che sicuramente mi avrebbe accolto con piacere. Mio padre fu d'accordo e dopo pochi giorni partimmo alla volta di Botticino Mattina dove, ancora oggi, risiede la Perazzi Armi.

Lì mi aspettava anche Ubaldesco Baldi, fresca medaglia di bronzo alle Olimpiadi di Montreal 1976, che avevo conosciuto in occasione di quelle prime trasferte europee come junior. Ubaldesco se ne andò in giovane età lasciando dentro me un vuoto grande, e l'immagine di un campione gentile sempre in grado di offrirmi la sua preziosa collaborazione in ogni mia scelta. Con lui strinsi un rapporto quasi fraterno e quei tempi in sua vicinanza furono strepitosi e di grande insegnamento.

Figura 12.1: *Con il mio grande amico Ubaldesco dopo una mia vittoria in Inghilterra*

Non mi aspettavo una fabbrica così grande e bella, dove tutto era organizzato perfettamente, e mi sorprese soprattutto la pulizia che regnava ovunque e anche nei reparti meccanici. Il signor Daniele Perazzi si dimostrò subito persona preparatissima e molto umile, e mi accolse con il fare non del presidente di quell'azienda così importante, ma come un amico conosciuto da sempre. Mi propose un contratto quadriennale dove nelle quattro stagioni in questione avrei ricevuto, oltre ad un fucile in uso a mia scelta per sparare, altri sei fucili. Uno e mezzo all'anno. Ricordo bene che fui colto di sorpresa, avrei voluto dire che era troppo e che per me era sufficiente avere in omaggio il fucile per sparare, ma non mi vennero le parole e guardai mio padre che manifestò al signor Perazzi grande riconoscenza ringraziandolo tanto soprattutto per la fiducia che dimostrava di avere in me. Dopo un mese, durante il quale salivo spesso alla Perazzi insieme a Ubaldesco, ero diventato amico stretto di Mauro e di Roberta Perazzi, i figli di Daniele e miei coetanei. Insomma tutto era bellissimo come era bellissimo il mio MX3 che avevo scelto per sparare e con il quale iniziai subito a familiarizzare.

Mi sembrava di essermi calato in una favola stupenda quando una sera risposi al telefono; era Sabino Panunzio che mi disse che avrei dovuto lasciare il mio nuovo fucile e fare ritorno alla Beretta. Non capivo... mi spiegò che la Beretta aveva acquisito i diritti di sponsor unico della Fitav e che chiunque fosse stato convocato in Nazionale avrebbe dovuto necessariamente usare fucili di quella marca. Senza nemmeno aspettare di sapere la posizione di mio padre risposi a Sabino che non sarei tornato indietro, perché mi ero affezionato a quelle persone straordinarie, perché avevo trovato una nuova famiglia dove ero stato accettato come un figlio e per di più perché mi sentivo più forte col nuovo fucile. Lui cambiò il tono della voce e mi disse: "devo squalificarti". Tenni comunque la mia posizione riflettendo sul fatto che un uomo non deve cedere con facilità al ricatto pensando soltanto al proprio interesse e che, per come Mauro e Daniele si erano mossi, meritavano sicuramente il mio sacrificio; e poi trovavo assolutamente inadeguata sul piano sportivo la mossa della Beretta e, ancor più, quella della FITAV. Mio padre mi assecondò in pieno e dai suoi sguardi capivo che aldilà del dispiacere per l'interruzione di una storia meravigliosa appena iniziata, provava un gran rispetto per la mia scelta ed era chiaro che era orgoglioso di me.

Gli anni che seguirono furono sicuramente duri, seguivo le gesta dei miei amici nelle gare internazionali e ne soffrivo tanto, a volte piangevo, come quella sera che alla Domenica Sportiva erano presenti tutti i miei compagni di squadra vestiti di quella divisa azzurra, uguale alla mia, che ormai si riposava da tanto tempo nell'armadio. Mi era possibile sparare ai gran premi nazionali e ricordo che per tre volte, nei cinque anni in questione, risultai primo nel computo delle penalità totali di tutti i gran premi Fitav di eccellenza dell'anno e vinsi più volte la medaglia d'oro nell'individuale.

Mi domandavo come fosse possibile che questa cosa fosse successa e che si prolungasse così a lungo in uno sport che, in quanto tale, avrebbe dovuto mirare soltanto alla competizione sportiva leale. Pensai che avevamo perso ogni valore sportivo.

Capitolo 13

Caccia e Amicizia... in Monte

Condurre una stagione di tiro a livelli professionistici comporta uno stress ed un impegno tali che quando arrivavamo alla fine di Settembre sentivo forte la necessità di prendermi un periodo di riposo per recuperare le energie spese. Per me non esisteva attività più adatta della caccia per riposare la mente e allo stesso tempo fare una buona attività fisica per mantenermi in forma.

Io, mio padre e molti altri cacciatori della Banda Masetto aspettavamo impazienti Ottobre per ritrovarci "al passo" sul Montalbano, dove vivevamo insieme la magia della migrazione degli uccelli. Al solo ricordo rivivo perfettamente quelle sensazioni e quei colloqui fra mio padre e gli altri cacciatori, specialmente il sabato sera, quando andavamo in paese a comprare le cartucce. Era una scelta ben meditata, proiettandosi nelle giornate successive e consigliandoci anche in base alla stagione prevista.

Al centro del mio paesino c'erano due posti dove comprare le cartucce: il negozio cosidetto "del Sindaco" dove a servirci trovavamo il nostro amico Vitale, bravissimo a caccia e super conoscitore delle cartucce, ed un altro piccolissimo e simpaticissimo negozio gestito da una donna, personaggio unico ed indelebile di Lamporecchio di nome

Dina ma conosciuta solo come Dina d'Oscare. Le poche auto di quel tempo erano utilitarie non in grado di percorrere strade di bosco quindi, per raggiungere il nostro passo prediletto "i Pollìni", dovevamo abbandonare il 128 verde di babbo e fare un bel pezzo di strada a piedi.

La prima parata (appostamento) che si trovava durante il tragitto era quella denominata "Gli Sdruccioli" fortemente ambita da Orlando Maccarini, nostro grande amico innamorato dei colombacci, poi c'era "Il Pulpito", postazione che essendo un po' più alta della strada dominava un bel pezzo di valle e dove di solito si fermava Berto. A seguire c'erano le parate del "Brocco" "Lo Scalino" fino ad arrivare alle due parate nel "Vallino dei Pollini" e l'ultima denominata "Il Sasso dello Zamarro". Quello era il nostro paradiso terrestre, lì ci ritrovavamo tutti e passavamo delle intere giornate scherzando e respirando le mille emozioni della migrazione dei nostri amati colombacci. Su quel crinale del Montalbano, da piccolo, ho raccolto a mio padre, con tanta paura, il mio primo colombaccio, lì ho ucciso il mio primo colombaccio, lì ho vissuto delle sensazioni straordinarie, ed ho capito a fondo il valore dell'amicizia sincera e spassionata, il valore immenso della semplicità e delle piccole cose e, soprattutto l'amore incondizionato per la natura in ogni sua espressione... poi c'era la sera, all' Antico Masetto, dove le padelle della giornata rimbalzavano da un cacciatore all'altro provocando tante risate ma anche tante passeggere arrabbiature.

Credo di esser stato tanto fortunato ad aver avuto la possibilità di vivere in un ambiente così umile e allo stesso tempo ricco dei valori importanti dell'uomo. Quando si ama la natura la si ama in ogni suo aspetto e non è soltanto la caccia ad offrirci la possibilità di viverla. Io ricordo giornate ed emozioni a pesca di trote nella "Forra" (piccolo fiumiciattolo che scende dal Montalbano) con un vecchio pescatore lamporecchiano di nome Tripoli, o nella Limentra con mio cugino Andrea Giomi, oppure alla ricerca di funghi. Già ai tempi del mio arrivo in Candeglia fui travolto dall'incanto di una giornata "a funghi".

Giuseppe era spesso dal nonno ed io mi ero molto affezionato a lui e lui a me. Un giorno mi disse: "credo che in montagna siano nati i funghi e domattina ti porto con me a cercarli". Per lui la Montagna Pistoiese non aveva segreti e conosceva un posto in particolare che diceva di sapere soltanto lui e dove non avrebbe portato mai nessuno al mondo se non io e sua figlia Chiara. Per raggiungerlo camminammo a lungo in salita ma poi l'incredibile visione di una parete scoscesa della montagna dove c'erano funghi ovunque. Riempimmo il suo corbello di porcini meravigliosi e mentre riempivamo il mio inciampai nel suo che cadde rotolando a valle e disperdendo una quindicina di chilogrammi di funghi. Nessun problema, Giuseppe ridendo discese quella parete irta, recuperò il cesto e lo riempimmo di nuovo per poi riprendere la via del ritorno fermandoci soltanto per riposarci e mangiare due panini. Il peso sulle mie mie spalle ed il lungo cammino fecero sì che a casa avevo la febbre a 39°, ma gli occhi pieni di visioni uniche e straordinarie che non hanno mai lasciato la mia mente.

Fu una giornata assolutamente indimenticabile passata con una persona buona e altrettanto indimenticabile... il "fuoriclasse Giuseppe".

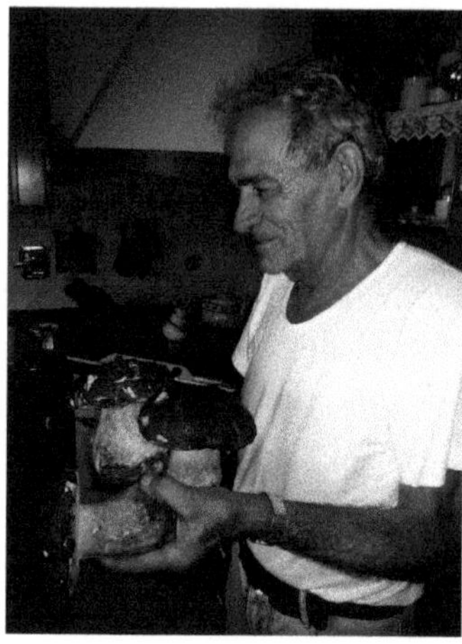

Figura 13.1: *Il fuoriclasse dei funghi Giuseppe Guglielmi mio maestro di vita*

Credo che la caccia e le esperienze che vivevo con mio padre e quegli amici stupendi mi abbiano tenuto lontano da tentazioni che per molti miei coetanei son state fatali.

Credo di aver imparato a dare importanza alle cose semplici ma fondamentali per la nostra esistenza.

Capitolo 14

Passaggi fondamentali

In quella prima parte del 1987 era successo anche un'altra cosa molto importante per me. Carlo Danna, tiratore eccelso e con il quale avevo legato dal primo giorno in cui ci eravamo incontrati, mi cercò per propormi di andare con lui ad Anagni dove c'era la sede della più grande industria di cartucce sia da caccia che da tiro: la Winchester.

Accettai l'invito prima che lui mi spiegasse il motivo della sua proposta. In effetti Carlo aveva il compito di reperire un tiratore da proporre all'azienda per una sponsorizzazione, ed aveva pensato a me. Firmai un contratto con la Winchester per 7000 cartucce all'anno ma la cosa che, negli anni seguenti, si dimostrerà determinante, fu l'incontro con Claudio Romagnoli, responsabile unico del caricamento delle cartucce Winchester. Con lui nacque subito un rapporto molto bello; lui credeva in me e nelle mie capacità di capire quali potessero essere i pregi ed i difetti delle cartucce da tiro ed io captai fin da subito, che era un uomo di grande intuizioni, che aveva acquisito con chiarezza i dogmi della balistica e che avrebbe potuto aiutarmi molto. Da quel giorno, fra noi due, ci fu una collaborazione strepitosa ed oggi, sono assolutamente sicuro, che quell'incontro con Claudio Romagnoli è stato fondamentale per la mia carriera tiravolistica.

Quando restammo soli lui mi illustrò la gamma delle cartucce da tiro Winchester che era formata da tre cartucce in particolare: una storica la "trap 200" ed altre due che erano nate quello stesso anno: la "Winner" e la "Plus". La Trap 200 aveva una bassa velocità di circa 380 m/sec. ed erano molti i tiratori che la utilizzavano con soddisfazione da anni. Le altre due avevano velocità più alta: la Winner 390 mt/sec e la Plus raggiungeva addirittura i 405mt/sec. Tenendo presente che stiamo parlando di cartucce dotate di 32 g di piombo e quindi anche con un rinculo in rapporto a quel grammaggio, la velocità della Plus era sicuramente un po' azzardata. Io che avevo appreso le nozioni riportate dai professionisti di quel periodo, dopo molteplici prove di Banco e di rosata scelsi con sicurezza la Trap 200, che offriva una rosata perfetta con percentuali di pallini, nel diametro di 75 cm a 32 m, che si attestavano sempre oltre il 90%. In quel primo incontro Romagnoli non si spinse mai a commentare la mia scelta ma, la sera, prima di salutarci mi disse: "mi sono permesso di aggiungere alle cartucce che hai scelto, 500 Plus, in modo che tu possa provarle", lasciando intendere che lui in quella sua nuova creazione riponeva più fiducia. Io onestamente ne avrei fatto a meno perché avevo negli occhi quella rosata perfetta della Trap 200 ed anche quella più scomposta e meno folta della Plus, ma non potei che rendermi disponibile a testarle.

A casa raccontai tutto a mio padre che fu d'accordo con le mie considerazioni e, dal giorno seguente sparammo tutti e due le Trap 200. Tutto iniziò benissimo, con buoni risultati e buone rotture, e con il mio MX3 continuavo a fare risultati di primo piano. Poi un giorno mi telefonò Mirko Cenci, che a quel tempo era già un tiratore di primissimo piano, dicendomi che aveva provato a sparare le Plus ed aveva fatto 50/50 restando assolutamente ben impressionato. Ricordai quella scatola che mi aveva dato Claudio e che avevo dimenticato in garage senza dargli alcuna considerazione. Quando l'indomani partii per Montecatini mi ricordai di prendere le Plus.

I piattelli, uno dopo l'altro si disintegravano con tangibile differenza da quelli sparati con le 200, ed io iniziai a chiedermi come fosse possibile. Realizzai un gran 50 anch'io, punteggio che ancora non ero riuscito a ottenere da quando sparavo le nuove cartucce e anche se il rinculo era molto più energico, decisi di spararle di nuovo il fine settimana in gara. Dopo aver tirato tutte le 500 Plus ero sicuro che Romagnoli aveva ragione.

Capitolo 15

Scimmia maledetta

Non ricordo bene se passava l'anno 1983 o 1984, comunque non era passato molto tempo dalla mia squalifica, quando a Montecatini si svolse il Grand'Italia Perazzi. Era una gara bellissima ed ambitissima da tutti i tiratori italiani e non solo.

Ricordo che io stavo attraversando un momento di alti e bassi dove da una parte, ero molto in sintonia con il fucile nuovo e le nuove cartuccc, ma dall'altra, avevo la mente scardinata da tutti quegli eventi, da una parte bellissimi come gli incontri con Claudio Romagnoli e la famiglia Perazzi e dall'altro, invece, drammatici come appunto, la mia squalifica. Ne scaturiva una rabbia profonda che innescava una miriade di pensieri tutti protesi a dimostrare a tutti che io comunque ero bravo, cosa che non è assolutamente positiva e che molto spesso distrugge ogni tua capacità. Ed infatti, in quell'occasione, alternavo punteggi bassi con altri di 22 o 23 al massimo, appena accettabili. Fu così che nel Gran'Italia, che terminava il sabato, non andai mai a premio.

A quel tempo avevo un bellissimo rapporto, che dura ancora oggi, con Rodolfo Viganò oggi C.T. della nazionale giovanile, e con suo padre Mario che oltre ad essere persona di spessore generale, era anche un tiratore di categoria eccellenza che molto spesso realizzava punteggi di assoluto rilievo. Così in particolare con loro, sfogavo la mia delusione per tutti quegli zeri che avevo fatto, sottolineando che negli allenamenti e nelle gare dell'ultimo periodo avevo sparato anche piuttosto bene. Mario Viganò, che evidentemente aveva vissuto sulla sua pelle situazioni simili, confermò che sicuramente non c'erano problemi tecnici, e mi parlò molto cercando di aiutarmi. Premetto che nella giornata della domenica si sarebbe svolta una gara conclusiva a 100 piattelli ad handicap dove io, avrei partecipato dovendo partire con almeno un piattello di svantaggio su tutti i tiratori che non appartenevano, come me, alla massima categoria, e dove la Perazzi avrebbe messo in palio un'automobile.

Tornando al mio colloquio con Mario, mi disse che il mio problema era sicuramente causato da tutti quei pensieri che affollavano la mia mente e che sicuramente non se ne andavano nel momento in cui io avrei dovuto produrre la massima attenzione, ossia il momento della chiamata del piattello. In effetti mentre lui mi parlava io capivo che era esattamente così. Lui, come invece quasi sempre accade, non si fermò all'analisi del tipo di problema senza offrire almeno un appiglio per eliminarlo. Mi disse: "prova ad immaginare di avere una scimmia sulla tua spalla e che sia lei che ti distrae proponendoti il problema. Tu parlale ed insultala intimandole di smettere di parlare, forse così il pensiero negativo se ne va e tu puoi tornare a concentrarti sulla tua azione tecnica".

Tutto questo, normalmente, può stimolare una risata, ma io invece accettai quel consiglio come oro colato e l'indomani iniziai a parlare con la scimmia malefica ancor prima di andare in pedana. Per cento volte insultai quell'animale e per 99 volte funzionò alla perfezione. Conclusi con 99/100 a pari merito con Billy Hiles, tiratore australiano fortissimo che ancora oggi calca le pedane internazionali e che aveva fatto 98/100. Andammo in pedana per lo spareggio, io lui e la scimmia malefica che aveva preso possesso della mia spalla, e facemmo entrambi 25/25. Quindi continuammo ed io feci ancora 25 mentre lui sbagliò un piattello.

Ho raccontato questa storia proprio per dimostrare quanto il nostro pensiero sia fondamentale nella realizzazione della nostra azione tecnica, e come a volte sia complesso e difficile affrontare e superare il nostro subconscio. Tutto sta che passai dal fare 20/25 a vincere quella Ford Micra con 149/150. A Mario resterò grato per sempre e ogni volta che nella mente ripercorro quell'esperienza mi rendo conto che lui fu assolutamente geniale e che solo pochi possono essere in grado di darti un consiglio così efficace da smuovere una situazione mentale grave come la mia di quel momento.

Capitolo 16

Il perdono

Gli anni da squalificato passavano molto lentamente e con una certa tristezza nell'anima ma, come in tutte le cose, il tempo che passava tendeva a farmi trascurare l'ingiustizia che avevo subito ed apprezzare sempre di più il mio sparare bene e le vittorie che riuscivo a fare nella massima categoria.

Nel 1987 successe che a Montecatini si svolgeva il Gran Premio delle Nazioni che, pur essendo una gara internazionale, era open, cioè aperta a tutti, e anch'io potevo partecipare. In quell'occasione era in palio anche l'ultimo pass olimpico per le Olimpiadi di Seoul 1988, e quella volta all'Italia mancava ancora un pass, e aveva bisogno di conquistarlo. Con mio grande stupore appresi dal buon Panunzio che ero io uno dei tre scelti per concorrere alla conquista del pass pur restando regolarmente fuori dalla formazione nazionale dell'Italia. Mi si stava presentando un'occasione per poter dimostrare a tutti il mio valore e rivalermi dell'ingiustizia che mi era stata fatta. Aggredii quella competizione con un'energia ed una rabbia uniche. Procedendo nella gara distaccai gradualmente tutti i tiratori, stranieri ed italiani, ed arrivai a disputare la finale con tre piattelli di vantaggio su un tiratore inglese e quattro da tutti gli altri fra cui Silvano Basagni, bronzo a Monaco 72 e Luciano Giovannetti che aveva vinto le ultime due Olimpiadi di Mosca 80 e Los Angeles 84.

Al diciassettesimo piattello della finale avevo addirittura guadagnato un altro punto di vantaggio sull'inglese e quindi avevo quattro piattelli di vantaggio su tutti. Sulla tribuna ad assistere alla finale c'erano i miei amici di Lamporecchio di cui molti erano miei compagni della Banda Masetto.

A quel punto ero cosciente che anche se avessi sbagliato tre degli otto piattelli che mi restavano da sparare, avrei vinto comunque la gara e il pass olimpico per la Fitav. Il peso di quella rabbia interiore e quella voglia assurda di dimostrare al mondo ingiusto del tiro, il mio valore, la voglia di telefonare a Mauro Perazzi per comunicargli il mio successo e molto altro ebbero il sopravvento su di me ed il 18° piattello non si ruppe e fu seguito da un errore anche al 19°. La paura poi fece il resto e sbagliai anche il 22° ed il 24° piattello che decretò la mia sconfitta. Non era credibile. Pensai che la sorte mi avesse giocato uno scherzo devastante ma, comunque fosse, io avevo perso tutto, davanti ai miei amici, avevo "regalato" la gara e il pass a Luciano Giovannetti.

Fu una presa di coscienza devastante e inaccettabile.

Mentre a testa bassa me ne stavo andando vidi una figura fra la gente che veniva verso di me anziché, come tutti gli altri, accorrere ad abbracciare il vincitore. Quell'abbraccio forte ed il pianto di Sabino Panunzio sulla mia spalla alleviarono leggermente il mio dramma. Nonostante l'avermi squalificato e nonostante non avermi più contattato in quei cinque anni, lui aveva tifato per me e aveva vissuto il mio dramma; con il singhiozzo del pianto mi disse che per lui ero fortissimo e che non meritavo affatto una sorte così cattiva; mi disse che probabilmente avrebbe dovuto abbandonare il suo ruolo perché, con le imminenti votazioni, sarebbero cambiati i vertici della Federazione ma, che se avesse potuto restare al suo posto, io sarei stato un suo titolare per tanti anni. Capii il suo pentimento per avermi squalificato ingiustamente e lo perdonai.

Dopo qualche giorno a casa arrivò una lettera raccomandata della Fitav con la convocazione per i Giochi del Mediterraneo che si sarebbero disputati in Luglio a Damasco in Siria. Ricevetti l'abbraccio con lacrime di mamma e le congratulazioni di babbo. Mi associai con forza all'abbraccio e al pianto di mia madre.

Capitolo 17

Piattelli nel deserto

In Siria, nonostante i 45° di temperatura previsti sul deserto di Latakia e le raccomandazioni della Fitav di portare cartucce basse di velocità, io e Claudio, visti i risultati che continuavo a fare, si decise di spedire le Plus.

Il campo era stato costruito sulla sabbia e non aveva nessun ambiente in muratura dove potersi riparare dal caldo. L'unica ombra era sotto le pensiline delle pedane di tiro. Cercavamo di passare meno tempo possibile al campo e di bere più acqua possibile. Quando ci portarono a ritirare le cartucce prendemmo coscienza che avevano stazionato in un box di lamiera, costruito appositamente sul campo ed esposto quindi ad una temperatura equatoriale per tutte le ore del giorno. Il rinculo era sicuramente molto forte ma devo dire che mi sembrò di poterlo sostenere. Allo stesso tempo l'effetto che la Plus scaricava sul piattello mi dava tranquillità.

La prima serie d'allenamento fu 25/25 e quando uscii di pedana Jacopo Matteoni, vicepresidente della Federazione e che in quell'occasione era l'accompagnatore ufficiale della spedizione italiana, mi disse "tu spari delle bombe, dei tuoi piattelli non resta mai niente". Jacopo era il padre di Sergio, che fu l'artefice della mia presenza in quella gara bolognese ormai lontana e che aveva decretato la mia prima presenza in Nazionale. Jacopo era, secondo me, uno degli uomini di maggior sapienza di tiro e quel giudizio dato da lui, aveva spazzato via, se ce ne fossero stati, gli ultimi dubbi sulle cartucce. Così in allenamento non sbagliai niente e affrontai la gara avendo fatto 100/100. Sicuramente ero molto determinato e deciso a voler far bene ma tutta quella rabbia, che mi aveva prostrato a Montecatini, era scomparsa e mi sentivo molto tranquillo. Il primo giorno di gara prevedeva quattro serie ed io, uno dopo l'altro, ruppi tutti i primi 100 piattelli. Alla fine di ogni serie trovavo ad attendermi Jacopo che, nascondendo l'euforia provocata dal risultato, mi prendeva sotto braccio dicendomi con calma "bravo Marco, abbiamo sparato bene anche questa serie".

Ricordo con lucidità che la sera a cena iniziavo a sentire il peso del risultato e a faticare molto per mangiare la mia dose di carne rossa, com'era mia abitudine fare nelle sere antecedenti i giorni di gara. Durante la prima serie del secondo giorno arrivò il primo zero dal mio arrivo in Siria e la mia spalla destra cominciò a cedere sotto tutte quelle pesanti fucilate. Non mi spaventai quando vidi che era comparsa una piccola sbucciatura dove appoggiavo il fucile. Continuai a sparare bene e feci ancora 24 nella seconda serie e poi infine realizzai due mastodontici 25 consecutivi che portarono il mio punteggio a 198/200. Ero in testa con cinque piattelli di vantaggio. "E adesso dobbiamo mettercela tutta nella finale" disse Jacopo mantenendo la stessa flemma dell'inizio della gara.

La serie finale fu perfetta e con 223/225 vinsi una delle medaglie più belle della mia vita. Il punteggio stabilì anche il nuovo record del mondo a 225 piattelli. L'abbraccio con Jacopo Matteoni decretò la fine di tre giorni di gara straordinari, sofferti insieme, ma strepitosamente belli. Avvertii anche una profonda sensazione positiva nei confronti di Sabino Panunzio e, dimenticando le sofferenze che erano derivate da quella sua ferrea decisione di squalificarmi, corsi al telefono per farlo partecipe della nostra vittoria.

Figura 17.1: *Latakia, alla mia destra Liliano Boero e a sinistra il mitico Jacopo Matteoni*

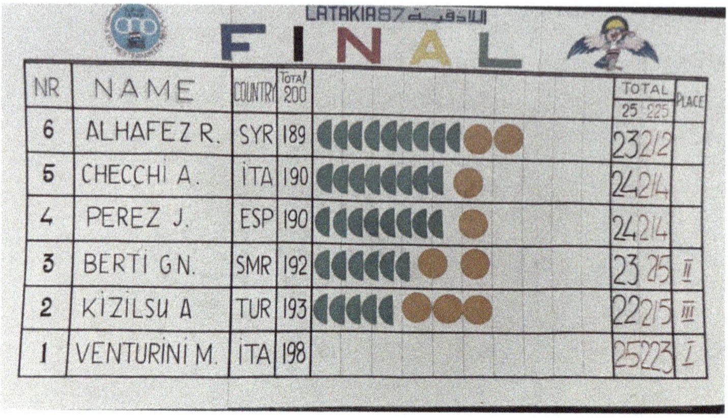

LATAKIA87 اللاذقية

FINAL

NR	NAME	COUNTRY	TOTAL 200	TOTAL 25 225	PLACE
6	ALHAFEZ R.	SYR	189	23 212	
5	CHECCHI A.	ITA	190	24 214	
4	PEREZ J.	ESP	190	24 214	
3	BERTI G N.	SMR	192	23 215	II
2	KIZILSU A	TUR	193	22 215	III
1	VENTURINI M.	ITA	198	25 223	I

Figura 17.2: *Il tabellone della finale dei Giochi del Mediterraneo di Latakia*

Figura 17.3: *Il podio di Latakia*

Capitolo 18

Mia madre

"Di mamma ce n'è una sola".

Mai ci fu detto più vero se pensiamo a quanto ogni mamma sia unica e perfetta per i propri figli. Ho apprezzato ogni aspetto di mia madre senza riuscire a trovare difetti fino a credere, ingenuamente, che mia madre fosse veramente la migliore mamma del mondo. Lei aveva un carattere docile, assomigliava al nonno Arrigo, e l'unica cosa che si prefiggeva era far star bene coloro che le stavano vicino senza mai preoccuparsi dei carichi di lavoro che si accollava. "Piero, vai pure a caccia con Marco che in farmacia ci sto io", diceva continuamente a mio padre, "Che vuoi che sia, avrai modo di rifarti" mi diceva, ogni volta che sbagliavo la gara o l'esame, come ad alleviare la mia delusione.

Ricordo la sua partecipazione costante al mio dolore in seguito alla morte di Fabrizio, e con quale energia passava il tempo a fianco di Rinetta, che aveva acquisito come una vera sorella. Ricordo i suoi abbracci ed il suo sorriso, in Candeglia, quando rientrava la sera dal lavoro e la bellezza delle domeniche mattina, dopo essersi alzati presto per poter passare più ore possibili insieme almeno quel giorno "tutto nostro". Avrebbe accettato anche che io lasciassi l'università, quando mi vedeva profondamente impegnato nella mia attività sportiva, ma mi consigliava: "vedi Marco, può darsi che il tuo sport ti dia una bellissima carriera anche dopo che dovrai smettere di sparare, ma non si sa mai, se ti laurei e ci sarà la tua farmacia sarai sempre al sicuro, ed io sarò certamente più tranquilla per te".

Avevi ragione "Mamma Giovanna", quella farmacia che avevi tanto voluto, e che mi hai donato, è la nostra cosa preziosa; fra poco, per la tua gioia, la condurrà tuo nipote Tommaso.

Capitolo 19

Mio padre mi disse...

Come da previsione, Sabino Panunzio, alla fine del 1987 fu sostituito e alla direzione tecnica federale arrivò Silvano Basagni conosciuto da tutti noi come Lillo. Lui aveva dominato la scena tiravolistica italiana ed internazionale per tanti anni ed oltre alla sua grande bravura aveva dimostrato anche una classe e uno stile superiori a tutti. Era nato come tiratore Beretta e con quell'azienda aveva anche collaborato rivestendo incarichi di rilievo. Alla Perazzi sia Daniele che Mauro mi avevano sempre stimolato a far prevalere in me l'esigenza di poter sparare in nazionale ritornando al vecchio fucile Beretta, ma io non avevo mai ceduto a quel richiamo.

Quel giorno di Novembre, il signor Daniele Perazzi mi chiamò nel suo ufficio e seduto dietro la scrivania mi guardò negli occhi e mi disse: "adesso voglio, assolutamente, che tu pensi un po' a te stesso, tu ritorni al vecchio fucile, aprendoti le porte della squadra nazionale, visto anche che a noi hai regalato un periodo straordinario con tante vittorie". Guardando i suoi occhi lucidi pensai che forse era giunto il momento, ma promisi che un giorno sarei tornato in quella splendida famiglia.

Così chiamai Silvano, gli comunicai la mia decisione, e con lui stabilimmo di far preparare un SO5 per affrontare la stagione a venire. Mi disse anche che lui riponeva in me tanta fiducia. Aggiunse che l'anno successivo ci sarebbero state le Olimpiadi di Seoul in Corea, e se avessi continuato a sparare sugli stessi livelli degli ultimi due anni, lui mi avrebbe voluto titolare per quella squadra olimpica. La cosa mi scosse alquanto ed iniziò un periodo nel quale non riuscivo più né a dare gli esami all'università né a dare il massimo nel tiro. Io ero iscritto alla facoltà di farmacia all'Ateneo di Firenze e in quel momento mi mancavano soltanto quattro esami per potermi laureare. Fra Dicembre e Gennaio meditai molto raggiungendo una conclusione importante e definitiva.

Un giorno che mi trovai da solo con mio padre gli dissi: "Babbo, la responsabilità che mi viene da quelle parole di Silvano mi ha scombussolato molto e sento di non farcela a mandare avanti gli esami e, allo stesso tempo, prepararmi al massimo per il tiro. Per questo ho pensato di abbandonare per un po' il tiro ed il sogno olimpico per ottenere la laurea, prima possibile, per poi potermi dedicare completamente al tiro". Mi aspettavo che assecondasse la mia scelta ma non fu così. Mio padre mi disse... "Sei sicuro di aver pensato la cosa giusta?" e continuò "secondo me dovresti fare l'opposto e dedicarti soltanto al tiro per fare il tuo massimo, abbandonando i libri. Ti dico questo perché io e mamma sappiamo che una medaglia sportiva ha un valore così grande che tutti vorrebbero raggiungerla ma solo pochi ci riescono.. Il successo nello sport è appannaggio di pochi mentre la laurea la puoi prendere anche con più calma, visto, anche, che io e tua madre possiamo mandare avanti la farmacia per qualche anno ancora".

Non mi aspettavo assolutamente quella sua risposta ma capii in un attimo che per i miei genitori era più importante che io tentassi una medaglia nello sport piuttosto che raggiungere il traguardo della laurea velocemente. Come era sempre successo detti molto valore alle parole di mio padre e cambiai la mia decisione.

Nei giorni seguenti parlammo molto di quali potessero essere le cose importanti da fare per cercare di migliorare il mio livello nel tiro e, ripensando al mio viaggio in Winchester, dissi che un po' di aiuto lo avrei potuto trovare sicuramente se fossi riuscito insieme a Claudio Romagnoli, ad ottimizzare le cartucce. Così iniziò un periodo nel quale ogni mese scendevo ad Anagni per passare qualche giorno con Claudio, che vide con estrema positività e piacere la mia scelta, ed ebbe inizio quella collaborazione di cui vi avevo già parlato e che ritengo sia stata fondamentale per i miei traguardi raggiunti nel tiro.

Ogni giorno che passa io sono sempre più sicuro che gli occhi di mio padre siano stati molto più lungimiranti dei miei. Molto spesso siamo portati a fare calcoli basandoci solo sul mero interesse personale senza valorizzare cose che sembrano meno importanti ma che invece sono le cose più importanti della vita.

Capitolo 20

La mia squadra nel cassetto

Il nuovo fucile fu preparato a tempo di record e, prima che iniziasse la nuova stagione, era già a mia disposizione. Il cambiamento fu molto forte, l'MX3 e l'SO5 erano due fucili assolutamente diversi fra loro. All'inizio alternavo serie decenti ad altre decisamente insufficienti.

La nuova arma era straordinariamente bella ed infatti la gamma SO della Beretta è da sempre ritenuta da tutti la linea di armi da tiro più bella del mondo. I miei punteggi crescevano giorno dopo giorno anche perché nel 1988 era possibile sparare 32 g di piombo ed era molto più facile di oggi poter capire la tipologia di errore che si stava commettendo, poi c'era anche il fatto che, l'elasticità della mente di un giovane trentenne è in grado di capire per conto suo molte delle differenze di movimento fra i due fucili. Per questo, e per la mia grande voglia di abbattere ogni barriera che si presentasse lungo il mio cammino, a Marzo già mi avvicinavo ai punteggi che facevo prima con il mio amato MX3 che avevo riposto nella fuciliera.

Ebbe inizio la nuova stagione di tiro, e il nuovo commissario tecnico Basagni, mi convocò subito per la prima prova di Coppa del Mondo che si svolgeva a Shul in Germania. Aiutati dalla eccellente regolarità e visibilità di quel

Figura 20.1: *La mia impostazione... con l'SO5*

campo, io ed il mio nuovo SO5, realizzammo 198/200 + 24/25 nella serie finale. Il 222/225 conclusivo mi conferì la medaglia di bronzo, anche se a pari punti con gli altri coabitanti del podio, (a quei tempi c'era una regola che diceva che a pari punteggio vinceva colui che aveva fatto di più in finale). Io e Silvano uscimmo assolutamente convinti che la mia arma nuova mi dava già buone possibilità. Partecipai come titolare anche al Campionato d'Europa di Istanbul, in Turchia, ed anche lì riuscii a fare un punteggio molto alto 220/225 e con il quale, anche in quell'occasione, conquistai la medaglia di bronzo.

Quando Basagni presentò le squadre che avrebbero dovuto partecipare alle Olimpiadi e di cui facevo parte anch'io, ricevette, da parte del Coni, un rifiuto in quanto in quella formazione non figurava Luciano Giovannetti, che aveva vinto le due precedenti edizioni olimpiche di Mosca e di Los Angeles e che, in Corea, all'inaugurazione dei Giochi Olimpici avrebbe fatto il portabandiera per l'Italia.

Silvano mi chiamò e, dimostrando incomprensione per le decisioni del Coni, mi disse che sarei dovuto stare fuori squadra. Io ero così tanto contento dei miei risultati e del fatto che si era conclusa un'epoca di grande sofferenza, che restai assolutamente tranquillo e sereno. Ero presente, come riserva, a Seoul quando la nostra squadra di Trap composta da Daniele Cioni, Albano Pera e Luciano Giovanetti concluse la gara olimpica senza che nessuno fosse in finale. Sentii la risposta del Commissario Tecnico ad un giornalista che gli chiese il perché nessun atleta italiano fosse in finale; "La mia squadra è rimasta a casa in un cassetto". Mi sentii morire perché ero io il problema e sapevo che quella risposta di Silvano avrebbe causato la sua stessa fine.

Così fu e l'anno successivo il commissario tecnico era Ennio Mattarelli.

Capitolo 21
Ghiaccio e fuoco

Il rapporto con Daniele Cioni andava oltre il legame che ci portava ad allenarci sempre insieme ma era un'amicizia forte che ci spingeva a cercare ogni sistema per poter condividere più tempo possibile. Così andavamo a caccia insieme ed avevamo fatto anche dei viaggi di vacanza insieme a Marcella ed Elena e quell'anno pensammo di organizzare anche una cacciata in Romania.

Così nel Gennaio, con altri due amici, partimmo in aereo destinazione Bucarest. C'eravamo proposti di portare meno cartucce possibili per non incappare in problematiche di qualsiasi genere con la polizia rumena che sapevamo essere molto fiscale. Sbarcati all'aeroporto di Bucarest e ritirate le nostre valigie ci mettemmo in cerca del posto di polizia per prendere i nostri fucili e le cartucce. In quell'ufficio c'era solo un giovane poliziotto che ci disse subito che non ci avrebbe potuto consegnare i fucili per l'assenza del suo capo che non sarebbe rientrato prima di un paio di giorni. Accennammo una protesta e lui vide bene di non darci nemmeno le cartucce fin quando non le avesse contate una per una. Nonostante le nostre spiegazioni lui apriva ogni scatolina da 25 cartucce, le buttava sul tavolo e le contava impiegando più di un'ora ora per contarle tutte. Poi ci disse che potevamo telefonare per sapere quando fossero stati disponibili i fucili. Reimpacchettate tutte le nostre cartucce non potemmo fare altro che chiamare due taxi per andare al nostro albergo che distava circa due ore e mezzo dall'aeroporto. Così per due giorni girammo quei posti di caccia senza fucile cercando di preparare qualche sito venatorio nel caso che un giorno fossimo potuti tornare in possesso delle nostre armi. La temperatura era al di sotto dei meno venti gradi centigradi ed anche nelle camere dell'albergo c'era un freddo terribile.

Finalmente una sera giunse la notizia e dopo cena, io Daniele ed un amico magrissimo di nome Alessio, salimmo su uno dei due taxi con destinazione Aeroporto di Bucarest. L'autista ci disse subito che il riscaldamento non funzionava e si può immaginare la temperatura glaciale che dovevamo sopportare. Durante il viaggio si stabilì di non fare cenno ai nostri amici del problema e piuttosto di fare in modo di riuscire a prendere l'altro taxi per il ritorno. Ed infatti fu così; appena usciti, verso la mezzanotte, con uno strappo fantozziano guadagnammo l'altro taxi e caricammo a bordo i nostri fucili. Maledizione!! Questo oltre a non avere riscaldamento aveva anche un deflettore rotto; fummo presi dal panico. Dopo pochi chilometri sopraffatti dal freddo io e Daniele cedemmo al sonno a differenza di Alessio che non dormiva mai. Senza capire quanto tempo poteva essere passato fui svegliato dal nostro amico che urlava "al fuoco al fuoco". Mentre cercavo di capire qualcosa vidi Daniele che tentava di fuggire aprendosi un buco con le unghie nel soffitto dell'auto; lo svegliai con forza trascinandolo nel buio fuori dall'auto. Il retro della macchina in prossimità della marmitta stava bruciando ma le fiamme non impensierivano il taxista che munito di bottiglia di acqua e straccio tentava un'azione di spegnimento.

Non si vedeva una luce a perdita d'occhio e nemmeno l'ombra di un'auto ed io, rivolgendomi ad Alessio dissi "fortunatamente arriverà l'altro taxi che potrà salvarci", ma lui, che non aveva perso un attimo del viaggio, rispose "l'altro taxi ci ha sorpassato mezz'ora fa". A quei tempi non esistevano ancora i cellulari e quindi non restava che sperare che una volta esaurito il fuoco il motore ripartisse regolarmente e che si potesse riprendere il viaggio. E fu esattamente così, quindi alle tre del mattino raggiungemmo le nostre stanze. Finalmente era caccia.

Avevamo preso l'appuntamento con il nostro guardiano accompagnatore Beppe alle 5:30 ma lui a quell'ora non c'era. Arrivò con un po' di ritardo esclamando, "piccolo problema" e continuò "lungo la strada che dobbiamo fare per raggiungere i capanni sul Danubio, è franato un ponte e impiegheremo un'ora e mezzo in più per arrivare al posto di caccia". Accettammo il problema e salimmo sul cassone del camion che avevamo a disposizione per gli spostamenti. Non destò meraviglia il fatto che quando il cagnolino di Beppe fece la pipì sul camion questa congelasse all'istante.

Io e Daniele finalmente raggiungemmo il nostro appostamento sulla riva del Danubio, verso le 10 del mattino. La temperatura era –22° ed il fiume trasportava dei blocchi giganteschi di ghiaccio che si susseguivano uno dopo l'altro. Un freddo del genere non l'avevamo mai conosciuto e non sto a dirvi quanto dolore provai sulle mele quando dovetti abbassare le tre paia di pantaloni, che mi ero messo, per esaudire un bisogno impellente. La grande voglia di cacciare che avevamo ci fece resistere fino all'una quando Beppe ci chiamò per arrostire sul fuoco dei cubi di cinghiale congelato che aveva estratto dal baule della macchina. Fu un pranzo eccellente e alla fine bevemmo su consiglio del nostro guardiano un bicchiere di grappa che lui aveva scaldato sul fuoco. Così riscaldati dal fuoco e soprattutto dalla grappa andammo avanti a cacciare e alla fine avevamo preso un buon carniere di almeno una ventina di acquatici meravigliosi con dentro due oche.

Alle 5:30 del mattino successivo Beppe mancava di nuovo ed arrivò un'ora più tardi esclamando "piccolo problema" qualcuno accennò un sorriso di rabbia, allora lui "è congelato il motore del camion e non parte. Non possiamo andare a caccia". Io e Daniele ci organizzammo immediatamente per andare con un taxi a un casale vicino dove avevamo visto pascolare un buon numero di colombacci e con noi venne anche Alessio. Verso le 10 riuscimmo a ritrovare il posto di caccia che cercavamo. I colombacci pascolavano in un campo tutto ghiacciato e noi ci sistemammo lungo una fossa che lo delimitava. Sparammo per un'oretta ed in tre avevamo preso più di 50 colombacci che però ci sembravano più in difficoltà di noi e quindi si decise di chiudere anche l'ultima giornata che ci restava prima del ritorno a casa che finalmente era programmato per il giorno successivo.

Eravamo nella hall dell'albergo quando arrivò Beppe che un po' trafelato ci guardò e esclamò "Grandissimo problema" generando il panico nel gruppo. Alessio si alzò di scatto e se ne andò velocemente per non sentire il problema: "abbiamo dimenticato di confermare i voli, ho chiamato adesso e mi hanno detto che non sarà possibile partire viste le liste d'attesa lunghissime".

Dopo molte ore trascorse in aeroporto ce la facemmo ad imbarcarci su un volo per l'Italia. Durante il viaggio riflettevo sulla bellezza della mia caccia, su quanto fosse più affascinante e bello un colombaccio sparato sul Montalbano scherzando con Berto ed il Postori o a quanto fossero stati straordinari i due miei acquatici caduti in quella notte nebbiosa del mio padule. La magia della caccia sta nel condividerla con gli amici che senti, sta nel praticarla negli ambienti che conosci e che hai sempre vissuto. La ricerca dell'emozione attraverso il carniere non ha senso... è soltanto l'illusione di chi non conosce la caccia.

Capitolo 22

Ennio Mattarelli

Ennio Mattarelli non lo avevo mai avuto come avversario in pedana ma ne conoscevo le gesta, e tante volte con babbo avevamo parlato di un tiratore bolognese fortissimo, che aveva vinto Campionato del Mondo e Olimpiadi. Per questo provavo per lui una grande riverenza anche se era meno la confidenza che c'era con Silvano. Per Basagni invece sentivo tanta riconoscenza per la fiducia che, fin da subito, aveva riposto in me e per questo respiravo in un'atmosfera di tristezza per il suo esonero.

Nei primi incontri che facemmo con il nuovo tecnico, lui mise subito in chiaro che all'inizio avrebbe privilegiato coloro che sparavano meglio indipendentemente dalla posizione, più o meno importante, che ogni tiratore poteva aver conquistato in seno alla squadra. C'erano in quel momento alcuni elementi emergenti che stavano sparando a livelli molto alti, tra cui in particolare Roberto Scalzone e Fabrizio Satolli, ed io ero sicuramente l'anello più debole della squadra titolare. Partimmo per una doppia trasferta che prevedeva la prima prova di Coppa del Mondo in Finlandia, a Tampere, ed il seguente trasferimento a Tallin in Unione Sovietica per la seconda prova di Coppa del Mondo. Mattarelli oltre a me Pera e Cioni convocò anche Giovannetti e Satolli sottolineando che le squadre titolari le avrebbe comunicate soltanto in prossimità delle gare.

A Tampere la squadra fu composta da me, Daniele Cioni ed Albano Pera. Mentre i miei colleghi Cioni e Pera giunsero, nell'ordine, primo e secondo io non sparai malissimo ma arrivai soltanto settimo innescando dentro di me la convinzione che probabilmente in Unione Sovietica avrei lasciato il posto a Fabrizio Satolli che aveva sparato fuori dalla gara ma, meglio di me. Quando il C.T. ci comunicò la formazione ufficiale che avrebbe sparato alla seconda prova di Coppa del Mondo, restai spaesato, quando senti il mio nome fra i titolari.

Il trasferimento dalla Finlandia all'Unione Sovietica fu fatto in nave e fu un viaggio bellissimo. A Tallin fu una gara memorabile dove tutti e tre salimmo sul podio, ma quella volta vinsi io la medaglia d'oro consolidando la mia posizione in seno alla squadra nazionale da dove il commissario tecnico avrebbe dovuto tirar fuori i nomi dei partecipanti al prossimo Campionato d'Europa che si sarebbe svolto in Jugoslavia. Mi aspettavo la convocazione ed infatti fu così, partii per Zagabria.

Figura 22.1: *Il podio di Tallin con Daniele ed Albano*

Capitolo 23

Piattelli di ferro

A Zagabria trovammo un bel campo di tiro con uno sfondo verde che aumentava la visibilità, con dei lanci regolari e dei piattelli molto fragili. Nei due giorni di allenamento precedenti la competizione sparammo 100 piattelli ciascuno realizzando tutti risultati altissimi; io fui il peggiore, pur avendo rotto 97 piattelli su 100. Fu subito chiaro che sarebbe stata una gara difficile poiché di sicuro ci sarebbero stati punteggi molto alti.

La prima serie della gara io Daniele e Albano facemmo due 24 ed un 23. Visto che moltissimi dei concorrenti stranieri erano partiti con il punteggio pieno, Ennio ci convocò in una stanza manifestando una profonda delusione e cercando di scuoterci in modo da poter invertire la rotta; disse anche che questi quattro zeri che avevamo fatto avrebbero compromesso irrimediabilmente la corsa al titolo europeo a squadre. Probabilmente quella rabbia di Mattarelli ci fece bene perché iniziammo ad inanellare un 25 dopo l'altro tutti e tre e quando, al traguardo dei 150 piattelli si assegnava il titolo europeo a squadre noi fummo primi con 441/450 davanti al Portogallo che aveva rotto un piattello meno di noi. Si evince che avendo fatto quattro zeri nelle nostre prime tre serie poi facemmo solo altri cinque zeri in 15 serie. Il punteggio della squadra stabilì anche il nuovo record europeo. Contenemmo la nostra soddisfazione poiché dovevamo continuare a sparare per il titolo individuale e sapevamo che bastava pochissimo per uscire di gara. Alla fine dei 200 piattelli c'era, con 198/200, il portoghese Joao Rebelo seguito da tre tiratori, io, Albano Pera e Alexander Lavrinenko, accreditati di 197/200. Daniele aveva chiuso con 194 ed era fuori dalla finale.

Affrontai la serie con determinazione ma sapevo che sarebbe stata molto difficile visto che Rebelo aveva fatto 100 su 100 anche in allenamento. Quando sparammo i primi colpi ci rendemmo subito conto che era cambiato qualcosa di veramente importante in quanto i piattelli non si disintegravano più come prima ma si rompevano al massimo in tre o quattro pezzi. Si seppe successivamente che i piattelli fumogeni della finale erano stati preparati artigianalmente e appositamente per quella serie ed erano pressoché infrangibili. Io ero cosciente che questo fatto poteva aiutarmi dato che, insieme a Romagnoli, avevamo messo a punto la Thunder prevedendo una situazione del genere, e potevo così contare sulla forza delle mie cartucce che avevano pallini grossi e molto duri e soprattutto una velocità molto più alta di quella dei miei colleghi. Se ricordo bene il portoghese fece 22/25 e fra gli altri tiratori ci furono soltanto i due 23/25, di Pera e del russo Alexander Lavrinenko oltre al mio 25/25 che mi permise di salire sul gradino più alto e laurearmi Campione d'Europa stabilendo anche il nuovo record europeo.

Detti libero sfogo alla mia gioia e non vedevo l'ora di poter telefonare a Claudio Romagnoli per raccontare cos'era successo e quanto fosse stato importante per me aver potuto contare sulla sua sapienza e soprattutto credere nel lavoro che avevamo fatto e che a molti sembrava poco im-

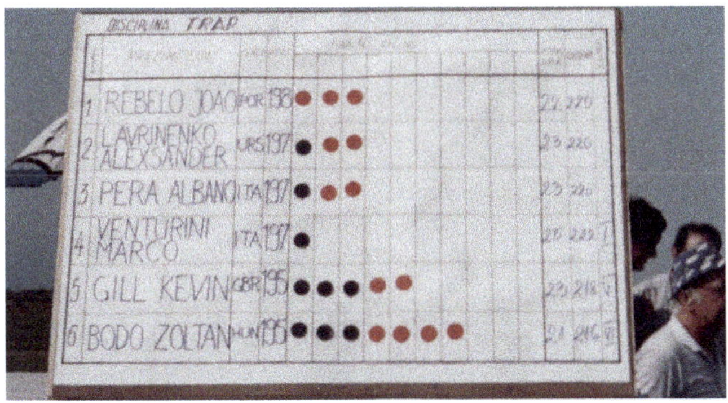

Figura 23.1: *Il tabellone della finale dell'europeo di Zagabria 89*

portante. Fu lampante che essendo restati uguali i lanci la visibilità, la temperatura e tutto il resto, ed essendo variata soltanto la consistenza del piattello, la differenza l'aveva fatta soltanto l'energia cinetica delle cartucce, e questo era anche avvalorato dal fatto che Rebelo avesse fatto tre zeri nei 25 tiri della finale e soltanto due nei 300 piattelli sparati precedentemente.

Figura 23.2: *Il podio di Zagabria*

Capitolo 24

Filetto alla brace

In effetti io avrei voluto che la stagione fosse finita lì per potermi sentir in grado di festeggiare le vittorie liberamente e senza il peso della costante preparazione. Tuttavia però sentivo che era importante non perdere il filo perché con molta probabilità il C.T. avrebbe confermato la squadra che, dall'inizio dell'anno, aveva vinto la medaglia d'oro, sia individuale che a squadre, in tutte e tre le competizioni che avevamo fatto ed io mi sarei trovato di fronte a una gara che non avevo mai affrontato da senior: il Campionato mondiale. Quindi cercai di restare concentrato e soprattutto di non trascurare niente delle cose che avevo fatto e che evidentemente avevano funzionato bene.

Nel frattempo la Federazione aveva incaricato un'équipe di medici, dell'ospedale Sant'Orsola di Bologna, di seguire le squadre olimpiche. A guidare il progetto scientifico era il prof. Vittorio Bonomini, luminare della nefrologia, e conoscitore del mondo del tiro a volo in quanto anche tiratore. A quella prima riunione, che si tenne proprio a Montecatini nell'occasione del Campionato del Mondo e davanti a molte persone e personalità sia della politica che dello sport, fu esposto e spiegato il progetto che avrebbe riguardato la conduzione delle squadre durante la preparazione olimpica. Oltre ad illustrare le prove scientifiche ed i controlli medici che sarebbero stati messi in pratica, una particolare attenzione fu rivolta all'alimentazione degli atleti durante le giornate di gara. Come mi aspettavo era consigliato un regime alimentare molto diverso da quello che, dopo averlo messo a punto con mio padre, avevo adottato io fino ad allora. Si disse che la sera a cena durante i giorni di gara, sarebbe stato fatto un menù specifico per tutti gli atleti e che era composto da alimenti ad alta digeribilità e quindi molto leggeri del tipo pollo, sogliola o insalate varie, già a partire dalla imminente gara mondiale di Montecatini. Io, molto preoccupato, alzai la mano e mi fu data la parola; "purtroppo, il tipo di alimentazione consigliato, si discosta molto dal mio", ci fu un brusio e molti risero. Lo specialista mi chiese come io mi alimentassi ed io, facendomi coraggio, spiegai che se durante la competizione a cena mangiavo carne rossa, il giorno seguente mi esprimevo con maggiore forza. Lui ribadì che ciò che aveva spiegato era provato scientificamente e che non c'erano dubbi che la carne rossa era sconsigliabile e che il nuovo regime alimentare mi avrebbe giovato molto. Ed io "ma la responsabilità di un mio eventuale insuccesso nella gara viene accollata a me oppure sono giustificato dal cambio forzato delle abitudini alimentari?" Domandai sospinto dal coraggio ormai acquisito. La risata fu generale e la risposta fu "allora il signor Venturini è esonerato, in questa gara, dal menù atleti".

Capitolo 25

Lamporecchio sul tetto del mondo

Per me, la gara mondiale di Montecatini, si preannunciava particolarmente difficile, sia perché un'annata così ricca di successi creava automaticamente nella mia testa un'aspettativa di risultato che di solito si rivela negativamente fatale, sia perché si disputava su un campo molto vicino a Lamporecchio e sicuramente avrei sparato di fronte a tanta gente del mio paese che, ugualmente a me, si sarebbe aspettata molto. Comunque sia, il nostro sport non guarda in faccia a nessuno e ti trovi sempre da solo ad affrontare ogni situazione. *L'unica cosa sulla quale si può contare è la nostra forza, intesa soprattutto come energia mentale in grado di difenderti da ogni distrazione.* D'altro canto io potevo contare sull'armonia che ormai si era consolidata fra me ed il mio SO5 e soprattutto sulle certezze assolute nei confronti delle mie cartucce delle quali avevo negli occhi quelle rosate sempre più belle che Romagnoli, giorno dopo giorno, riusciva a migliorare.

Con i miei compagni di squadra c'era assoluta armonia ed a cena ci sedevamo tutti e sei allo stesso tavolo. Io, Albano e Daniele insieme ad Andrea Benelli Bruno Rossetti e Claudio Giovannangelo, che componevano la squadra di Skeet, e quando ci portavano i piatti a me arrivava un grande filetto alla brace ed a loro il menù federale della giornata.

Tenuto conto delle difficoltà del campo di Montecatini, non mi feci impressionare da qualche errore che commisi nelle prime serie e al traguardo dei 150 piattelli, dove avevo accumulato un buon vantaggio nei confronti di tutti gli altri, vincemmo il titolo del mondo a squadre.

Figura 25.1: *Oro mondiale a squadre 1989*

Nelle ultime due serie portai a quattro i piattelli di vantaggio realizzando 193/200. Dietro di me, con 189/200, Joao Rebelo e Albano Pera.

Fra la fine della gara e la finale dovevano passare, per esigenze televisive, tre ore. Fu un tempo lunghissimo e molto doloroso. La consapevolezza di un così largo vantaggio in una finale che avrebbe decretato il campione del mondo, era dura da sostenere. Me ne andai in albergo con Elena e lasciai trascorrere il tempo, sdraiato sul letto, ripetendo a voce alta, che non avrei mai più voluto vivere una situazione così dolorosa. Del resto quel vantaggio di quattro piattelli lo avevo avuto anche due anni prima in quella finale drammatica dove commisi quattro zeri negli ultimi sette piattelli e questo mi ricordava con chiarezza che fino alla fine può succedere tutto. Lo speaker presentando i tiratori della finale, disse che era la prima volta che un uomo vinceva europeo e mondiale nello stesso anno, come se avessi già fatto la finale. Io sobbalzai, appoggiai il fucile e mi toccai le palle. Pensai sempre a Fabrizio e lo tenni sempre presente nella mia mente chiedendogli aiuto ogni piattello che sparavo. Feci un errore al 12° piattello dopo che anche Pera e Rebelo avevano a loro volta sbagliato. A sette dalla fine ritornai col pensiero a due anni prima e questo mi aiutò a non trascurare niente e a continuare a produrre il massimo sforzo per rompere un piattello per volta per avvicinarmi alla fine. Con 193/200 più 24/25 divenni campione del mondo; adesso era tutto finito e potevo abbracciare Elena e la mia gente di Lamporecchio che aveva sofferto con me.

Ero incredulo di fronte a un evento del genere e ripensa-

Figura 25.2

vo continuamente a tutti quei passaggi, spesso di sofferenza, che avevo superato e che sicuramente avevano costruito una base solida che oggi mi faceva essere così forte. Pensai soprattutto di essere stato fortunato per aver ottenuto tutti quei successi, consapevole che alla fine nel tiro a volo le piccole cose che accadono fanno la differenza e sulla mia strada, quell'anno, non c'erano mai stati elementi avversi.

Adesso mi avrebbe aspettato la finale di Coppa del Mondo altra gara alla quale, chiaramente, non avevo mai partecipato. I finalisti sono soltanto otto, al massimo due per ogni nazione, e sono selezionati da una classifica a punti sulla base delle prove di Coppa del Mondo e del Campionato del Mondo. Io ero il primo di quella classifica, Daniele secondo e Albano, che risultava quarto, doveva restar fuori per quella regola che appunto in finale non sono ammessi più di due atleti della stessa nazione. Meditai molto sulla situazione e convenni che, quell'anno, la sorte mi aveva giocato tanto a favore regalandomi, una dopo l'altra tre vittorie incredibili e che non mi sarei mai nemmeno sognato di poter fare. Sentii che era giusto cedere il mio pass per la finale al mio compagno di squadra che, pur avendo sparato benissimo, quell'anno non aveva mai vinto e sarebbe dovuto restare a casa; andai da Mattarelli e gli comunicai la mia decisione. Ricevetti le critiche di molti personaggi importanti di quel tempo, che sostenevano che nello sport il ferro va battuto quando è caldo e che non si cede un pass così importante. Non mi interessa ciò che chiunque possa aver pensato, io so che ancora oggi quando ripenso alla mia azione di quel giorno, che credo sia unica nel tempo, sono orgoglioso di me stesso.

Capitolo 26

"Marco sei tutti noi"

Il mio paese è una piccola realtà di circa 7000 persone, posta ai piedi del Montalbano.

Figura 26.1

In tutti noi abitanti c'è da sempre, un forte attaccamento al nostro paese, molta passione per la Lampo, la squadra di calcio e soprattutto un grande amore per lo sport inteso in ogni suo aspetto. Quindi la nostra medaglia mondiale creò molta euforia e fu subito pensato di fare un grande festeggiamento. Ad iniziare dal sindaco, tutti si impegnarono molto e poche sere dopo la gara di Montecatini, il paese fu letteralmente chiuso e addobbato per la festa. Al centro della piazza principale fu montato un grande palco dove le personalità che erano venute anche da lontano parlarono prima di lasciare spazio alla banda musicale di Lamporecchio. Anch'io dovetti farmi coraggio e parlare ma riuscii a dire ben poco. Ricordo che dissi che i miei amici ed il mio paese attraversavano spesso il mio pensiero durante le gare e che il mio impegno e sacrificio era anche per loro. Apprezzai molto la presenza di Ennio Mattarelli che poco dopo essere rientrato a Bologna dalla gara di Montecatini partìdi nuovo per non mancare alla mia festa.

Ad animare la serata c'era il dottor Gualtiero Martini che oltre ad essere un medico eccellente era anche sempre presente in ogni situazione pulsante del paese. La Banda Masetto oltre ad aver partecipato in modo massiccio all'organizzazione di tutto era presente al completo. Vincenzo Giannoni detto La Cencia insieme con Venturino, fratello di Francesco, aveva scritto sul muro all'ingresso del paese

"MARCO SEI TUTTI NOI"

con una vernice che è rimasta indelebile per molti anni e che addirittura riemerse dopo che una notte qualcuno cancellò Marco per scriverci sopra Banana che era il centravanti della squadra di calcio, di Larciano, il paese vicino.

In ogni angolo di Lamporecchio c'erano manifesti che esaltavano la vittoria non solo mia ma anche della squadra italiana. L'emozione che stavo sentendo quella sera era sicuramente pari a quella che avevo provato quando realizzai

Figura 26.2: *Manifesto della festa di Lamporecchio 1989*

di aver vinto. Io so quante volte avvicinandomi a qualche traguardo importante mi era passato per la mente Lamporecchio insieme a mio padre e mia madre, ma non avrei mai pensato di ricevere una partecipazione così importante di tutti. Guardando gli occhi di mamma capivo quanto anche lei fosse incredula e felice e dentro il mio cuore sapevo che per lei era una delle giornate più belle del suo vissuto.

Figura 26.3: *Con mamma alla festa di Lamporecchio: il mio brindisi più bello*

Erano passati 10 anni da quando Fabrizio mi aveva lasciato da solo ma quella sera, anche se ne sentivo fortissimo la mancanza, ero certo che era accanto a me.

Alla fine di quell'anno, con Elena, avevamo programmato di sposarci. Gli ultimi anni erano stati pieni di emozioni, ma tutti quegli eventi ci avevano tenuti distanti e cercavamo un po' di tempo per noi. Avevamo scelto una chiesa molto defilata, sperduta sul Montalbano, perché volevamo un matrimonio più semplice possibile ma non potevamo prevedere che poco tempo prima sarei diventato campione del mondo, e quel 23 settembre, a Cecina di Larciano c'erano giornalisti e anche qualche telecamera di alcune TV della Toscana.

Figura 26.4: *23 settembre 1989, il taglio della torta con Elena*

Fra gli invitati che avevo voluto di più, oltre a Carlo Danna, c'era Silvano Basagni che mi aveva scelto per partecipare alle Olimpiadi di Seoul dell'anno prima e che adesso andava fiero dicendo che quel tiratore che aveva dovuto lasciare a casa per scelta di altri, aveva vinto il Campionato del Mondo e d'Europa nell'anno successivo.

Figura 26.5: *I miei due amici e C.T. Silvano Basagni e Carlo Danna in occasione del matrimonio*

Capitolo 27

Terzo al provinciale pompieri

Anche la caccia risentì di tutti gli eventi di quell'anno così intenso e sicuramente fu penalizzata.

Ero molto legato a Rolando Borchi che da sempre era stato al centro della vita tiravolistica toscana e mi aveva sempre seguito con molto affetto da quando avevo iniziato a sparare. Lui era anche un grande conoscitore di zone venatorie in tutta la Toscana e quell'anno mi invitò a seguirlo in qualche battuta ai colombacci... A Castelnuovo Berardenga conosceva un bellissimo posto di rientro che però era buono solo con il vento forte di tramontana e un pomeriggio che ci incontrammo casualmente a Montecatini si alzò proprio quel vento.... "Con questo vento, domani, dovremmo andare al rientro a Berardenga". Ed io, che non vedevo l'ora di tornare a vivere l'atmosfera della caccia, lo stimolai a partire molto presto affinché si potesse trovare qualche posto buono.

A mezzanotte partimmo da Firenze, e prima delle due eravamo sul posto di caccia dove non era ancora arrivato nessuno. Il primo capanno era considerato il migliore e Rolando mi disse di fermarmi lì mentre lui avrebbe preso l'appostamento successivo. Nemmeno il tempo di accendere il fuoco che iniziò un esodo di cacciatori che passavano vicino a noi e andavano oltre. Quando i primi albori del mattino iniziarono ad illuminare il bosco erano passati un numero impossibile di cacciatori.

Nel primo pomeriggio arrivò un signore che mi chiese se secondo me più avanti avrebbe potuto trovare un buco per cacciare a che io risposi che, per quanti cacciatori erano passati, non valeva la pena di andare nemmeno a vedere. Non volle ascoltarmi ma dopo poco tornò dicendo che avevo ragione. Lo consigliai di fermarsi insieme con me, che se quel vento che stava tirando avesse continuato sicuramente avremmo potuto sparare entrambi. Non ci volle molto per convincerlo però disse "ok, sto qui ma non tolgo nemmeno il fucile dalla custodia, io non sparo e vado a raccoglierti i Colombi".

Quando arrivò il primo branchetto lui mi stimolò a sparare nonostante che fossero molto alti ed infatti non cadde nulla. "La prima fucilata l'hai sparata un metro a destra e la seconda dietro 40/50 centimetri" mi disse e così fu quando sparai ad un altro colombaccio altissimo che passò poco dopo. "Spari a destra ed anche sempre dietro" a che io spazientito gli dissi "la prossima volta spari anche tu oppure te ne vai". Lui estrasse il fucile dalla custodia e lo caricò e quando arrivò il volo successivo dei colombacci, sempre altissimi, gli dissi di sparare al colombaccio più esterno di sinistra mentre io avrei sparato a quello di destra.

Restai incredulo quando vidi il suo colombaccio cadere. Andò a raccoglierlo e quando mi fu di nuovo vicino interruppe il mio silenzio e inizio a spiegarmi: "Lo so, non è facile, ma devi sapere che io sono avvantaggiato, sono un tiratore al piattello e passo molto tempo sul campo di tiro" io mi sentii morire, e continuò "spesso faccio lezioni ed ho imparato a vedere, con chiarezza, dove vanno le fucilate e quest'anno sono arrivato addirittura terzo al campionato provinciale livornese pompieri".

Restai senza parole e non replicai decidendo, a quel punto, di non dire più niente... Continuavano a passare i colombacci e sparammo abbastanza per tutto il pomeriggio. La situazione si era ridimensionata ed alla fine io avevo preso 14 colombacci e lui soltanto due. Giustificava ogni padella dando la colpa alle cartucce. Il primo cacciatore che passò, di ritorno dalla caccia, si soffermò mi guardò e disse "ma tu sei il campione di tiro" richiamando l'attenzione del pompiere che sussurrò "chi io?" E l'altro indicandomi "no no lui", "come lui di quale tiro?" In quel momento comparve un gruppo di cacciatori ed uno di loro esclamò "ragazzi c'è il campione del mondo".

A quel punto il tiratore livornese mi guardò serio e con forza mi disse: "quindi mi hai preso per il culo tutta la sera? Io terzo al provinciale pompieri e tu Campione del Mondo... mi sento una cacca ma potevi risparmiartela questa farsa". Spiegai che avevo passato gli ultimi giorni a parlare soltanto della mia medaglia e avevo solo voglia di rilassarmi a caccia. Mi invitò al suo ristorante per dieci cene e finì tutto fra le risate dei cacciatori e soprattutto del mio grande amico Rolando.

Capitolo 28

Conta sempre la gara successiva

Con la fine di quel 1989, così pieno di eventi emozionanti che ancora oggi mi sembra impossibile che sia stato vero, si aprì un periodo invernale altrettanto intenso ed anche il viaggio di nozze, in accordo con Elena, fu posticipato a momenti più tranquilli.

Molta fu la considerazione che fu data ai miei successi e spesso eravamo invitati a partecipare a manifestazioni dove mi veniva consegnato un attestato di riconoscenza. Fra i tanti premi che mi furono consegnati, a partire dagli enti del mio paese e della mia città fino a giungere a località molto più lontane, alcuni, ancora oggi, li ricordo con particolare affetto: La cartuccia d'oro che mi consegnò il presidente Giampiero Armani come miglior tiratore italiano di quell'anno ed il "Tell 1989" che mi fu attribuito da una giuria di giornalisti di tutto il mondo e di ogni specialità di tiro a volo e di tiro a segno, come miglior tiratore del mondo di quell'anno; in premio una scultura che mi fu consegnata in Svizzera e ancora oggi, anche se dimenticata in un angolo della casa, quando la guardo mi rendo conto che è una delle cose più preziose che mi restano della mia vita sportiva.

La Winchester mi fece due grandi regali: uno era una

Figura 28.1: *Un premio consegnatomi dall'allora presidente federale Gianpiero Armani*

carabina 30/30 incisa a mano da "bottega Giovannelli" che portava il numero due dei 25 pezzi realizzati e che riproduceva in oro Buffalo Bill a cavallo. Il secondo regalo, che può sembrar strano ma per me era quello più bello, era la possibilità di mettere a punto con Claudio Romagnoli, una nuova cartuccia della quale io avrei potuto scegliere il nome ed anche il colore del bossolo. La cosa appariva strana in quanto le cartucce della Winchester, da sempre, erano state rosse. Scelsi il grigio e nacque la Silver, con l'etichetta, una cartuccia che per me era bellissima e che avrebbe lasciato il segno nella storia del tiro a volo.

Man mano che il tempo passava e ci avvicinavamo all'inizio della nuova stagione di tiro, io sentivo la necessità di

Figura 28.2: *Io e Bruno Rossetti premiati dal grande Luciano Pavarotti*

sintonizzarmi di nuovo sulla mia preparazione conscio che tutto quel fermento di emozioni poteva, con molta probabilità, condizionarmi negativamente nei risultati. Ricordavo mio padre che dopo una gara sbagliata mi diceva: "dopo una gara ce n'è sempre un'altra dove potrai rifarti" e allo stesso modo, "dobbiamo contenere l'entusiasmo e dimenticare subito questa vittoria poiché fra poco dovrai affrontare un'altra gara e sarà quella, che conta, non quella passata".

Probabilmente sarebbe stata confermata la squadra nazionale dell'anno precedente e, di lì a poco, sarei stato di nuovo in pedana con le stesse alte responsabilità delle gare precedenti. All'europeo di Uddevalla in Svezia infatti non riuscii mai ad entrare in gara e chiusi settimo con un accettabile 189/200. Comunque vincemmo la medaglia d'oro a squadre e Daniele fu argento individuale dopo una contestazione in finale dove gli fu attribuito uno zero che per molti era buono.

Capitolo 29

Saluti al Mondiale

Il mondiale fu disputato a Mosca, in casa di quella squadra con la quale avevamo sempre lottato per la vittoria, sicuramente la compagine più forte insieme all'Italia degli ultimi 20 anni. Volevamo quel titolo a squadre più di ogni altro.

Come molto spesso succedeva, mi trovai io a dover sparare l'ultima serie valevole per il titolo. Avevamo un solo piattello di vantaggio sulla squadra del Portogallo e l'ultima serie l'avrei sparata in contemporanea con il collega portoghese che sparava nel campo accanto al mio. Era chiaro che un eventuale mia serie piena ci avrebbe conferito direttamente il titolo. La tribuna dietro a me era vuota. Sbagliai quasi subito un piattello, ma non c'era tempo per pensare, dovevo continuare senza nemmeno soffermarmi a sperare che il mio collega non facesse 25. Fu durissima ma non sbagliai più. Quando, esausto, ebbi sparato l'ultimo piattello mi girai per cercare di capire qualcosa, vidi Daniele con Albano e Mattarelli che si erano materializzati sulla tribuna e saltavano e si abbracciavano. Capii che ce l'avevamo fatta e piansi più forte che potevo.

Per l'individuale fu una gara straordinaria. Jorge Damme, tedesco dell'est e già medaglia di bronzo olimpica a Los Angeles, non sbagliò mai, 200/200, Daniele Cioni, che quell'anno era in forma smagliante, sbagliò un solo piattello della prima serie, 199/200, io, che ero terzo, 196/200.

Figura 29.1: *...vidi Daniele Albano e Mattarelli che si erano materializzati sulla tribuna...*

In finale sparava prima il tedesco, poi Daniele e poi io... Non potevo fare a meno di sentire ogni chiamata potente ed impressionante di Damme che con il suo Gricof (fucile tedesco senza estrattori automatici) ed un tempo di fuoco medio lungo che impressionava per costanza e sicurezza, continuava a non sbagliare mai. Anche noi non sbagliavamo ed al 18° piattello eravamo tutti e tre esenti da errore. Poi l'incredibile: Jorge Damme sbagliò il 18° piattello ed il mio compagno di squadra, spiazzato da quel suono inaspettato del campanello sparò più veloce e fece una strepitosa seconda canna. Pensai che Daniele sarebbe stato il mio successore come campione del mondo. Se avesse continuato indenne da errori fino all'ultimo colpo avrebbe vinto direttamente in funzione di quella regola, a mia avviso sbagliata, che in caso di parità faceva valere il punteggio più alto in finale.

Mi rendevo conto che ero più attento alla gara di Daniele che alla mia, cercai di concentrarmi e centrai il mio piattello. Il 19° fu fatale per Daniele, alle sue due fucilate estremamente veloci, seguì il suono del campanello e capii ancora una volta quanto questo sport sia atroce, in un attimo ti uccide, distruggendo il sogno che in tre giorni di gara dura eri riuscito a costruire.

Nessuno sbagliò più; Damme 224/225 Cioni 223/225 ed io 221/225.

Lo spagnolo Bladas, uomo sempre presente, che aveva dedicato tutta la vita al tiro a volo, congratulandosi mi disse: "con una serie finale magica hai salutato nel migliore dei modi il tuo titolo mondiale 1989".

Capitolo 30

Progetto... Tommy

In quel periodo io ed Elena iniziammo a pensare che, arrivati alla soglia dei trent'anni, fosse giunto il momento di allargare la famiglia.

Devo render merito a mia moglie di aver sempre accettato e assecondato tutte le esigenze che la mia attività sportiva richiedeva pur restando tanto tempo da sola. Lei mai e poi mai avrebbe interferito in qualche mia decisione nei confronti del tiro e anche in questo caso pensava che l'eventuale nascita di un figlio potesse in qualche modo costituire un ostacolo alla mia attività proprio nel momento in cui avrei potuto raggiungere traguardi alti. Ma ero io che pensavo l'opposto rifacendomi soprattutto a quelle considerazioni profonde scambiate con mamma e babbo. Infatti attribuivo alla mia attività sportiva un valore inestimabile e ritenevo, avendo la possibilità di competere a livelli molto alti, di essere un privilegiato ma ritenevo anche che un giorno quando l'evidenza non mi avesse più dato la possibilità di competere avrei dovuto fare i conti con ciò che avevo fatto anche al di fuori del tiro e quindi pensavo che un figlio e successivamente la laurea in farmacia fossero determinanti per la mia vita.

Capitolo 31

"TI ASPETTO... ciao!"

Quell'anno, con alcuni colombacciai del paese avevamo individuato un posto dove, soprattutto con il vento di Grecale e Tramontana rientravano i colombacci. Quindi quando c'era vento spesso eravamo a Belforte e lì avevo incontrato alcuni cacciatori passionisti come me e con loro avevo legato come succede spesso nella caccia. Una volta raggiunto il paese di Belforte, dovevamo abbandonare la strada asfaltata e prenderne una di campagna, e dopo qualche chilometro si iniziavano a trovare gli appostamenti per il rientro. Siccome spesso dovevamo attendere un bel po' di tempo prima che arrivassero i primi animali di rientro, noi, nell'attesa, ci riunivamo intorno ad un fuocherello a parlare di cartucce e fucili raccontandoci le ultime cacciate. In queste piacevolissime riunioni conobbi Orlando, un simpaticissimo omino magro di Firenze con qualche anno in più di me, e fra noi nacque subito un feeling particolare che dopo pochi incontri e nonostante la differente età, ci faceva sentire due amici di vecchia data.

Quel pomeriggio insieme a Velio Degli Innocenti con il quale ho condiviso tante avventure venatorie, eravamo un po' in ritardo e vidi Orlando sul bordo della strada in compagnia di un giovane che non avevo mai visto. Mi soffermai per salutarli dal finestrino e Orlando mi propose subito di restare lì con lui: "È tardi Marco, sono passati tanti cacciatori e vedrai che non trovi posto" mi disse "resta con me, mi fa piacere", ma io "Orlando, provo ad andare più avanti ma ti prometto che se non trovo un posto decente vengo qui e stiamo insieme tutto il pomeriggio. Grazie". E mentre ripartivo ribadì "ti aspetto, ciao". Il mio rifiuto era soltanto un modo per non essere invadente, per non disturbare ma sarei voluto restare lì con lui, con quella persona gentile che lasciava chiaramente intendere che sarebbe stato veramente contento se mi fossi fermato.

A sera, quando presi la macchina per fare ritorno a casa, alla stessa altezza dove avevo salutato Orlando, trovai quel giovane suo amico che mi disse, manifestando una certa preoccupazione, che Orlando, dopo essere rientrato da raccogliere un colombaccio, non aveva più sparato nonostante che, per due volte, fossero passati i colombacci sopra il suo appostamento. Scesi e mi diressi velocemente verso il capanno del mio amico gentile. Si era seduto ed era caduto all'indietro con il fucile sul petto, carico. Lo illuminava una soffusa luce rossa del tramonto ed i suoi occhi aperti sembravano cercare qualcosa nel cielo. Anche se avevo già capito tutto, gli toccai il collo ma il cuore non batteva più. Vicino a lui due colombacci disposti con cura e con le penne a posto. Gli strinsi una mano e gli accarezzai il capo, e, ringraziandolo per le attenzioni che mi aveva dato fin dal nostro primo incontro, lo lasciai da solo a guardare il cielo che lentamente s'imbruniva. Mi fermai al primo telefono per avvertire la polizia e durante il viaggio pensai solo a lui ed alle tante cose che mi aveva detto trovando in ognuna un insegnamento fino a quell'ultimo "ti aspetto, ciao". Sei stato fortunato Orlando, credo che una morte come la tua sia riservata a pochi eletti e anche se sarai mancato ai tuoi cari come del resto sei mancato tanto a me, io ogni volta che ripenso a quella tua ultima immagine, provo per te una piacevole sensazione di serenità e pace.

Saranno venuti a prenderti ed avranno portato via il tuo corpo ma sono certo che la tua anima è rimasta lì, a quel capanno di Belforte dove si vede il tramonto rosso di fuoco.

Capitolo 32

La voce di mio figlio

Ci apprestavamo ad entrare nella stagione 1991, quella precedente alle Olimpiadi di Barcellona. Le Olimpiadi, che rappresentano il sogno di ogni atleta, anche di coloro che sanno che il sogno è pressoché irrealizzabile. Probabilmente, nel mio caso, si sarebbe realizzato, ma, con tutta sincerità, sentivo di più la preoccupazione dello stato di forma con il quale sarei arrivato alla gara piuttosto che la preoccupazione di non partecipare. Infatti, man mano che cresceva l'importanza della competizione in me cresceva parallelamente la responsabilità ed il pensiero di non essere all'altezza della situazione. Comunque, come al solito, dobbiamo radunare tutte le nostre forze per affrontare ogni situazione e cercare di dare sempre il massimo, sia in fase di preparazione, sia durante l'azione competitiva.

Il 27 febbraio di quel 1991 nacque mio figlio Tommaso e due giorni più tardi ero già in aereo verso città del Messico dove avrei dovuto partecipare alla prima prova di Coppa del Mondo e dove non riuscii mai ad entrare in gara. Lo sport chiede e non lascia spazi liberi e noi dobbiamo sottostare sempre alle sue leggi anche quando devi abbandonare un figlio appena arrivato, cosa che per me fu veramente difficile.

L'inizio dell'anno non fu dei migliori ed anche al Campionato d'Europa che si svolse a Bologna in quel di Casalecchio di Reno, sparai male (137/150) e dovetti fermarmi

Figura 32.1: *Con mio figlio Tommaso*

in quanto non figuravo nei primi 24 della classifica. Quella di Bologna fu una delle più brutte gare che facemmo, e nonostante che riuscissimo a vincere il titolo europeo a squadre, nessun atleta dell'Italia partecipò alla finale. Ricordo che in quel periodo in allenamento sparavo bene ma attraversavo un momento nel quale non riuscivo ad esprimermi quando la gara era importante. Comunque sia cercavo di non trascurare niente e di andare avanti anche quando le cose non andavano proprio al massimo ed alla finale di Campionato Italiano, che si svolse allo stand Concaverde di Lonato, trovai un momento di lucidità. Del resto la gara del Campionato Italiano non è mai facile da affrontare in quanto c'è una presenza massiccia di tiratori molto forti, come non succede in nessun altro paese del mondo, ed a volte, per questo, è più difficile riuscire a vincere un Campionato Italiano piuttosto che una gara internazionale. Ero stato nelle prime posizioni fin dall'inizio e dopo aver sparato l'ultimo piattello della finale solo il mio compagno di squadra Albano Pera era alla pari con me avendo però da sparare ancora l'ultimo piattello. Guardai quel sinistro montante, della prima pedana, andarsene illeso e, pur comprendendo la delusione del mio compagno di Nazionale, presi atto con infinita gioia che avevo vinto quel titolo italiano di categoria eccellenza che fino ad allora era stato assente nella mia bacheca.

Così eravamo giunti a settembre periodo nel quale normalmente, avendo concluso tutte le gare importanti, io mi prendevo un periodo lungo di riposo per raggiungere con più energie l'inizio della stagione successiva. Ma quell'anno c'era ancora da fare il Campionato del Mondo che essendo in Australia si sarebbe disputato più avanti, quando in Italia sarebbe stato Novembre. Io per più motivi pensai che quella gara, a malincuore, sarebbe stato meglio saltarla; un po' perché la gara mondiale sarebbe stata a soltanto sette mesi di distanza dalle Olimpiadi ma soprattutto perché avrei dovuto prolungare la preparazione in vista del mondiale trascurando quel periodo di caccia che ho sempre ritenuto fondamentale per recuperare le energie mentali che si consumano fortemente durante la stagione. Quindi ne parlai al commissario tecnico ventilando l'idea di restare a casa per quei motivi e soprattutto per iniziare prima la preparazione olimpica. Lui fu categorico "perché te sei già sicuro di andare all'Olimpiadi? Se non vieni in Australia, di sicuro, non verrai nemmeno alle Olimpiadi." Ok forse avevo peccato di presunzione ma avendo vinto una medaglia d'oro ed una di bronzo negli ultimi due campionati del mondo ed essendo oltretutto campione italiano in carica io, con tutta l'umiltà possibile, mi sentivo di dover ragionare in chiave "preparazione olimpica" per poter essere al meglio di me stesso in quell'occasione. Comunque continuai a sparare e a prepararmi per tutto Settembre e Ottobre fino a che feci la valigia per Perth.

Ennio Mattarelli convocò insieme a me Albano Pera e Roberto Scalzone e partimmo con almeno una quindicina di giorni di anticipo per far fronte ad una differenza di fuso orario molto ampia che preoccupava il C.T. L'Australia è paese molto civilizzato che unisce città all'avanguardia molto belle e attrezzate per ogni cosa, ad un ambiente naturale straordinario con un infinità di animali e soprattutto uccelli, quasi sempre piatto, senza limiti e confini. Iniziammo gli allenamenti con delle cartucce comperate sul campo perché le nostre, che dovevano essere arrivate dall'Italia, non c'erano. I lanci, su quel campo molto bello di Perth, erano molto insidiosi perché oltre ad avere una buona velocità erano molto angolati. Sullo sfondo, in lontananza, spesso passavano saltellando i canguri. I risultati dei primi giorni di allenamento per noi furono estremamente scadenti e nessuno di noi riusciva a fare risultato facendoci pensare che il fuso orario era di forte disturbo. Ma andando avanti nei giorni non si migliorava; i miei risultati erano quasi sempre sotto 20 su 25 e soprattutto i destri bassi mi sembravano impossibili da prendere. Quando mancavano cinque giorni alla gara arrivarono le cartucce italiane, a me le mie amate Silver. I punteggi salirono di poco ma il giorno successivo feci, finalmente, due 23 che per me furono una gran boccata d'ossigeno. Cercando un po' di riposo e soprattutto perché avevo paura di ricadere in risultati più bassi, chiesi a Mattarelli di potermi allontanare un po' dai campi e non sparare più fino a quando non fosse cominciata la gara. Lui, questa volta, acconsentì ed io insieme a Roberto Scalzone andammo a fare una gita a visitare un acquario meraviglioso di cui però non ricordo il nome. Capisco che la scelta di non sparare più fosse un po' azzardata ma avendo fatto con le mie cartucce 46 pensai che fosse da giocarmi questa carta poiché ritenevo, e tutt'oggi ritengo, che sparare tanto immediatamente prima della competizione spesso non giova, anzi, ti stanca tanto.

Guardai il sorteggio e presi coscienza che l'indomani nella batteria due, partendo dalla quarta pedana, avrebbe avuto inizio la mia gara. Al mattino mentre visionavo i lanci della batteria prima della mia sentivo una tensione forte e tanta paura. In quarta pedana c'erano un mezzo sinistro e un centrale abbordabili mentre il destro era bassissimo velocissimo e a 45°; non potevo esimermi dal pensare che probabilmente quel destro sarebbe uscito al primo piattello ed io avrei probabilmente fatto zero. Siccome non si può né scappare né ritirarsi dalla gara, non mi restava altro che scendere in pedana e affrontare la situazione. Così feci, impostai il fucile cercando la massima concentrazione e chiamai il piattello. Mi tranquillizzò molto il fatto che uscisse rotto e che i pezzi fossero diretti verso sinistra lasciando intendere che il primo piattello non sarebbe stato quel maledetto destro bensì il mezzo sinistro abbordabile. Chiamai di nuovo, uscì il mezzo sinistro ma io lo sparai malissimo... zero al primo piattello e mi restavano da sparare tutti e due i destri infernali. Situazione drammatica, che il nostro sport ci offre spesso, e dove vorresti avere una via di fuga che ti permetta di dileguarti portandoti molto lontano. *Tuttavia puoi soltanto soffrire e sforzarti di dimenticare cercando di concentrare l'attenzione sul piattello dopo. Un solo piattello, dimenticando tutto il resto.* Cercai di farlo e ci riuscii, non commisi altri errori in quella serie e nemmeno in quelle successive e alla fine della prima giornata ero in testa con 74/75. Quasi incredibile!!

Le altre serie filarono lisce e commisi in tutto altri 6 errori che portarono il mio risultato finale a 193/200, punteggio assolutamente impensabile dopo quel periodo di allenamento catastrofico. In finale ero in testa ma alla pari con l'americano Waldron e soltanto un piattello avanti a Peeters, bronzo a Seoul, e a un ventenne Michael Diamond che era stato impiegato nella squadra australiana senior perché a quell'età era già fortissimo. Raccolsi tutte le mie forze e con calma e determinazione affrontai la finale. Waldron all'inizio fece uno zero ma Diamond no, lui continuava a non sbagliare mai e io ero cosciente che se avessi sbagliato probabilmente avrei perso, senza nemmeno poter fare lo spareggio. Così imponendomi con grande sforzo di scacciare quella considerazione, e di sparare "un piattello per volta", riuscii a non fare errori e rompere anche l'ultimo piattello. Soltanto dopo realizzai di aver bissato la vittoria mondiale di Montecatini e andai ad abbracciare Mattarelli e i miei compagni di squadra. A chiunque mi abbia chiesto l'emozione più forte provata in Australia la mia risposta è sempre stata "sentire per telefono la voce di mio figlio".

Figura 32.2: *Immediatamente dopo aver sparato l'ultimo piattello del mondiale di Perth 1991*

Figura 32.3: *La nuvola rossa dell'ultimo piattello della finale a Perth*

Figura 32.4: *Un Podio magistrale... al fianco di Michael Diamond e Jorg Damme*

Capitolo 33

Nuvola rossa di solo fumo

Il viaggio verso Barcellona si fece in pullman su decisione di Ennio. Ogni trasferta, ogni presenza internazionale è un'emozione forte ma quella olimpica ha un fascino particolare e tutto suo. Pensai alla mia non presenza a Seoul nonostante la convocazione di Basagni, e ripensavo a tutto ciò che era successo dopo; a quell'incertezza di Mattarelli nonostante quella mia sequenza di prestazioni mondiali, e riflettevo sul fatto che quando Silvano Basagni mi comunicò la decisione del Coni di non mandarmi a Seoul io restai sereno pensando che avrei avuto sicuramente l'occasione di esserci la volta successiva come in effetti era andata, ma, oggi, mi rendevo conto che non era stato un avvicinamento così facile e scontato. Comunque, adesso stavo viaggiando verso Barcellona e cercavo di godermi l'avventura anche se la mia testa era già proiettata soltanto sul primo piattello olimpico che avrei dovuto sparare, e poi tutti gli altri a seguire.

Non credo ci siano parole in grado di poter descrivere la bellezza e l'atmosfera che si respira nel villaggio olimpico. È una zona circoscritta e presidiata da migliaia di agenti delle forze dell'ordine, dove alloggiano e possono entrare soltanto le squadre, ossia tutti gli atleti di tutte le bandiere presenti e insieme soltanto ai loro tecnici e allenatori. Un tiratore non è sicuramente abituato a convivere con gli atleti più famosi del mondo di tutti gli sport. Quindi ti ritrovi a colazione con Boris Becker oppure in pullman a fianco di Steffi Graf ma l'emozione più forte è vedere un salone della mensa pieno di squadre e di singoli atleti tutti colorati diversamente, anche nella pelle, e tutti con lo stesso sogno: riuscire a conquistare una medaglia per la propria nazione.

Questa sensazione io la provavo forte forte dentro di me e non riuscivo a togliere dalla mente mio padre, la mamma, la mia banda Masetto, il mio paese di Lamporecchio, e davanti agli occhi i colori verde bianco e rosso della mia bandiera. Un tiratore non è nemmeno abituato a ricevere frequenti interviste di giornalisti che involontariamente scombussolano la tua mente, oppure visite di personalità dello sport, magari del Coni, che con semplice nonchalance rivolgendosi a te dicono "forza, dal tiro ci aspettiamo tante medaglie, voi le avete sempre portate", lasciandoti senza la forza di replicare. E sicuramente a me non giovava arrivare all'appuntamento olimpico avendo vinto sette mesi prima il Campionato del Mondo e per questo sentire sulle spalle tutto quel peso rappresentato dai favori del pronostico. Anche l'aria che si respira sul campo non è usuale, tutto sembra al rallentatore, non c'è voglia né di ridere né di scherzare e si incontrano solo persone assorte nei loro pensieri con le cuffie nelle orecchie che guardano verso la pedana come per cercare di capire se almeno quei piattelli che volano verso il cielo sono uguali a quelli di sempre.

Durante gli allenamenti ufficiali il giorno prima dell'inizio della gara fra la gente seduta in tribuna riconobbi il dottor Gualtiero Martini. Non potevo crederci. Era venuto insieme a Giovanni Venturini a sostenermi in rappresentanza del mio amato paese. Fu un'emozione incredibile che mi faceva un piacere immenso ma che, allo stesso tempo, aumentava quel bagaglio di forze emotive alle quali dovevo far fronte e dimenticare completamente almeno nel momento in cui sparavo.

Figura 33.1: *Il dottor Gualtiero Martini e Giovanni Venturini*

A cena, fu dura mangiare regolarmente, ma conoscendo l'importanza che quella cosa aveva per me, riuscii a mangiare una dose sufficiente di carne rossa aiutandomi bevendo molta acqua.

Il primo giorno di gara realizzai 73 su 75 punteggio che

mi teneva abbondantemente in gara. Il mattino seguente ero nella prima batteria; i primi 23 piattelli scomparvero senza mai dover ricorrere alla seconda canna poi l'imponderabile. Sapevo che in quinta pedana avrei dovuto sparare il sinistro basso molto angolato che sicuramente, da sempre ma soprattutto in quel periodo, rappresentava per me il lancio più difficoltoso da affrontare. Forse il pensiero di aver quasi fatto serie piena o forse altro dovuto alle pressioni che gravavano sul mio subconscio, sottovalutai quel lancio e lo sbagliai. Non sarebbe stato niente se avessi accettato l'evento, ma non fu così. Quello zero ebbe su di me l'effetto che aveva il destro potente di Mike Tyson sul volto di un pugile sprovveduto, così, barcollando raggiunsi la prima pedana e sbagliai anche l'ultimo piattello. Pensai che fosse l'inizio della fine e Mattarelli, che sicuramente conosceva bene quel tipo di situazione, mi disse "seppur fatto in un modo assurdo, è comunque 23 ed io credo che saranno importanti le serie che dobbiamo ancora fare, e che sarebbero state altrettanto determinanti anche se tu avessi fatto 25 come avresti meritato".

Degli ultimi 100 piattelli ne ruppi 99 e con 195 su 200 ero terzo in finale, alla pari con Jorg Damme, quello famoso che aveva vinto il mondiale di Mosca con 200 su 200. Avanti a noi con 196 c'erano due outsider ossia due tiratori che non erano pronosticabili; Petr Haldricka, cecoslovacco, e Kazumi Watanabe giapponese. Col mio zero al 16° piattello eravamo io Haldricka e Watanabe alla pari e Damme un piattello dietro. Tutto filò liscio fino all'ultimo lancio; ero assolutamente certo che mi restava da sparare il sinistro basso della terza pedana, ma mi sbagliavo. Quando chiamai quell'ultimo piattello, che era l'ultima barriera fra me e una medaglia olimpica certa, restai spiazzato dall'uscita di un destro che, per quanto non fosse un lancio molto insidioso, lo aggredii con tanta paura, troppo rapidamente e, dopo essermi mosso verso sinistra, lo sbagliai con il primo colpo. Il mio secondo colpo colpì il piattello che lasciò nel cielo una nuvola di fumo rosso ma che proseguì regolarmente senza che si fosse visto staccarsi alcun pezzo.

Sicuramente i due o tre pallini avevano colpito e forato la protezione plastica incollata sotto a quei piattelli flash, liberando la polvere rossa ma proteggendo il resto del piattello dalla rottura. Il campanello suonò a sottolineare il mio zero ed io alzai subito la mano per chiedere una verifica ma con il cuore a pezzi perché non avevo visto nessun pezzo staccarsi ed in quell'anno le regole, assolutamente sbagliate, prevedevano che un piattello evidentemente colpito ma non rotto fosse da considerarsi sbagliato. Non mi consola il fatto che oggi non è più così. Due giudici su tre dettero giustamente zero e fu inutile che il giudice di destra avesse detto buono. Forse lui aveva visto veramente staccarsi una scheggia? Io no, io avevo visto soltanto una palla di fumo. In quella nuvola di fumo rosso vidi le macerie di un sogno durato quattro anni, vidi vanificati tutti i sacrifici fatti per tanto tempo, vidi lo sguardo incredulo di mio padre e la delusione dei miei amici di Lamporecchio. Mi sedetti con lo sguardo perso nel vuoto e senza la forza per dire niente. Poco dopo arrivò Ennio e si sedette vicino a me, in silenzio, probabilmente cercando il modo per dirmi qualcosa. Capiva che ero fuori di me per quella delusione immensa e non prendevo nemmeno in considerazione che poco dopo avrei dovuto affrontare lo Shoot off ad un colpo contro Damme per la medaglia di bronzo.

Con un'esplosione di capacità, che solo un tiratore della sua portata ed esperienza poteva avere, senza guardarmi esclamò "e pensare che se fossimo ancora noi stessi avremmo ancora la possibilità di vincere il bronzo". Quelle parole entrarono nel mio cervello come un fulmine nel buio della notte. Cancellai immediatamente ciò che era successo e tornai a pensare soltanto a ciò che potevo ancora fare. Guardai Mattarelli e vidi i suoi occhi lucidi quindi appoggiai la testa sulla sua spalla.

Sparavo prima io del tedesco e partivo proprio dalla terza pedana, dove avevo sbagliato l'ultimo. Nei miei occhi era tornata una grande energia e mi sentivo proteso e concentrato soltanto verso ciò che stavo facendo. Chiamai ed uscì proprio lui, quel sinistro che aveva causato tutto quel mio sbandamento finale. Anche se con un colpo solo lo fulminai, seguì il suono forte e gutturale del Pull di Damme e il suo colpo sicuro. Mi preparai a sparare il mio secondo e lo ruppi seguito dal mio avversario poi il terzo, il quarto... ed andammo avanti così per 9 piattelli che mi sembrarono un'eternità. Riuscii a prendere il 9° piattello e quando sparò Jorge Damme, il suo colpo mi sembrò un po' più accelerato e sperai più del solito in un suo errore. Prima del suono del campanello ci fu l'urlo della tribuna.... corsi e piangendo saltai al collo del mio grande C.T.

Dopo qualche attimo una mano si posò sulla mia spalla. Mi girai, era Jorg Damme che dandomi la mano e con la sua voce profonda esclamò "BENE BENE". Compresi con sicura chiarezza che erano parole vere, pronunciate da un

Figura 33.2: *Sulle spalle dell'amico Gabriellini subito dopo la fine dello shoot off per la medaglia di bronzo*

grande campione che aveva già vinto la medaglia olimpica e pur avendo sputato sangue per battermi capiva che almeno quel bronzo me lo ero meritato ed era giusto così. Oggi che sono passati trent'anni da quel pomeriggio spagnolo, quando penso a lui non posso che provare una grande e profonda riverenza e stima verso un uomo di Sport che ancor prima di essere un immenso campione è un uomo di valore profondo. Alla premiazione ricordo il dottor Martini che con il sacchetto in mano spiegava ai giapponesi i brigidini di Lamporecchio e Watanabe che, mangiandoli, esclamava "very very good".

Arrivai a casa con la mia medaglia nella notte e ricordo il viso sorridente di babbo e quello emozionato di

Figura 33.3: *La mia preziosa medaglia olimpica*

mia madre; con loro il comandante dei Vigili urbani Vincenzo Crino, uomo molto legato al paese ed alla gente di Lamporecchio "vista l'ora tarda ci sono io ad aspettarti e ringraziarti a nome del tuo paese". Commosso ringraziai, l'abbracciai insieme ai miei genitori, e corsi in casa da Tommaso ed Elena.

Al mattino andai da nonno Tullio, era ammalato e costretto a letto.... Gli detti la mia medaglia e ricordo il

Figura 33.4: *Il podio Olimpico*

suo sguardo mentre la guardava in silenzio... con gli occhi lucidi e stringendo la medaglia fra le mani mi disse "Bravo Marco". Dopo poco tempo il nonno Tullio se ne andò lasciando dentro al mio cuore una grande gioia per esser riuscito a portargli quella medaglia, e dentro i miei occhi l'immagine stupenda dei suoi occhi emozionati.

Capitolo 34

“Fino. . . il fuoriclasse”

Già da un po' di tempo si sentiva nell'aria una voce che diceva che gli addetti alla guida del nostro sport a livello mondiale, stavano maturando l'idea di modificare ulteriormente le regole del tiro a volo. C'era la volontà di ridurre la gara dai 200 piattelli più finale, ai 125 piattelli più finale e limare ancora 4 grammi di piombo portando a 24 grammi la dose massima di pallini per ogni cartuccia. Secondo me ambedue le modifiche apparivano pesanti e peggiorative nei confronti del tiro a volo tutto ma in particolare della Fossa Olimpica. Non voglio in questo capitolo addentrarmi nelle motivazioni e scendere in particolari tecnici, dico soltanto che se la riduzione del numero dei piattelli della gara può essere tollerabile non lo è altrettanto la scelta di una riduzione drastica del piombo che a mio avviso non porta nessun vantaggio e comporta invece una perdita di efficacia della munizione tale da rendere molto probabile il passaggio illeso del piattello dentro il fuso dei pallini soprattutto nei 20 cm della fascia esterna di copertura della rosata.

Io e Claudio Romagnoli ci mettemmo da subito al lavoro per cercare di capire quale fossero i risvolti di una tale modifica e di anticipare eventualmente la problematica e poter contare, fin dall'inizio, sul miglior compromesso di cartuccia che seguisse le nuove regole. Ci apparve subito chiaro che questa trasformazione sarebbe stata molto più grave, soprattutto per la Fossa Olimpica, di quella fatta quattro anni prima che aveva spostato i grammi da 32 a 28. Con largo anticipo sull'approvazione della modifica io feci presente, a chi ritenevo potesse influire sulle decisioni, ciò che sostenevamo con Romagnoli, ma nessuno ci ascoltò. Quindi mettemmo a punto, secondo i nostri studi, una Silver 24 per affrontare la stagione 1993.

Quell'anno si dimise da commissario tecnico Ennio Mattarelli dopo un quadriennio dove l'Italia aveva vinto tantissimo giustificando la sua scelta con la riflessione che altri quattro anni così impegnativi sarebbero stati troppo pesanti per un uomo che ormai aveva 64 anni. La squadra di Fossa Olimpica fu affidata momentaneamente a Giani Serafino, detto Fino, che dopo aver militato per moltissimi anni come tiratore di altissimo livello, aveva poi rivestito un ruolo di primo piano come braccio destro di Ennio, nella squadra nazionale. Io avevo con lui un rapporto di stima molto alto e devo dire che spesso, nel quadriennio precedente, lui era stato determinante nella conduzione delle mie gare più belle. Serafino impersonificava l'uomo che era sempre presente senza essere mai invadente, comprendeva, a differenza di moltissimi, che un qualche errore tecnico di impostazione o altro poteva anche essere necessario per il buon rendimento di un singolo atleta e, per questo, non cercava di farti cambiare per forza cose tecniche. Al contempo era sempre in grado di guidarti parlando alla tua mente e colpendo sempre nel segno. Questa ultima dote che aveva anche Ennio Mattarelli, è comune agli uomini che hanno vissuto a lungo nel mondo del tiro professionistico superando tante volte le problematiche che di volta

Figura 34.1: *Un amico e Commissario Tecnico importantissimo Serafino Giani*

in volta si presentano ad ogni tiratore. Quindi fui convocato a Fagnano Olona ad una prova di Coppa del Mondo che avrebbe preceduto di poco il Campionato del Mondo. Come spesso mi succedeva dopo le vittorie importanti, a Fagnano non riuscivo ad esprimermi pur avendo già acquisito fiducia nelle mie nuove munizioni a 24 g e pensando che probabilmente, come era successo quattro anni prima con la applicazione della regola dei 28 g, avrei potuto contare sull'aiuto di una cartuccia più performante di quelle degli altri miei colleghi. Il primo giorno feci 68 su 75 e mi ricordo che Serafino venne spesso a parlare con me e mi è rimasto impresso soprattutto un suo discorso di quel giorno: "non aver paura di questo risultato che ci serve solo come avvicinamento al Campionato del Mondo dove tu sarai sicuro titolare, perché io so che un fuoriclasse può sbagliare una gara ma non sbaglia mai quella dopo". Da quel momento iniziai a concentrarmi soltanto sulla gara mondiale che si sarebbe svolta sullo stesso campo olimpico di Barcellona.

Fui convocato insieme a Pellielo ed a Roberto Scalzone che sostituiva, rispetto alla squadra olimpica dell'anno prima, Daniele Cioni. Inutile dire l'emozione che mi fece il ritorno su quel campo dove avevo vissuto emozioni impareggiabili, sia in senso positivo, con la vittoria della medaglia olimpica, ma anche momenti drammatici e dolorosi che anche oggi, al solo ricordo, fanno sempre male. Comunque tutto mi appariva meraviglioso e quando iniziò la competizione mondiale mi trovò in una condizione eccellente. Si disputò la gara sulla distanza di 125 piattelli come prevedeva il nuovo regolamento ed alla fine avevo rotto 123 piattelli come anche il mio collega Giovanni Pellielo e lo spagnolo Jose Bladas figlio di quell'uomo che, tre anni prima, a Mosca mi aveva salutato con quel discorso bellissimo.

Il commissario tecnico stette sempre con noi e ci accompagnò alla finale in condizioni perfette, come del resto aveva sempre fatto quando era il braccio destro di Mattarelli. Riuscii a non commettere errori e a chiudere la gara con 148 su 150 vincendo la mia terza medaglia d'oro mondiale. I miei due colleghi chiusero con 147 e nel successivo spareggio prevalse il mio compagno di squadra. Sommando il 120 su 125 di Roberto Scalzone vincemmo ancora una volta il titolo mondiale a squadre. Ancora una volta il pensiero corse ad Anagni, da Romagnoli che sempre riterrò

Figura 34.2: *Mio figlio Tommaso a due anni... con le tre medaglie mondiali*

alla base di quei due mondiali ossia il primo che si disputò con 28 grammi ed il primo con 24 grammi.

Capitolo 35

Piedi nudi sulla sabbia

Mio padre prendeva le ferie in Ottobre per potersi dedicare più possibile al passo. Mia madre, in sintonia con il suo essere, è sempre stata felice della scelta di mio padre e non ha mai recriminato sul fatto che dovevamo per questo rinunciare al periodo delle vacanze al mare. Lei in estate lavorava sempre ed io passavo l'intero mese di luglio al mare in Versilia con nonna Serafina e i due miei cugini Mauro e Fabio. Quei periodi di vacanza a Lido di Camaiore erano bellissimi e la domenica, che la mamma e il babbo venivano a trovarmi, era il giorno più bello. Negli anni sessanta/settanta erano tantissime le famiglie che avevano la stessa nostra abitudine e si spostavano per lunghi periodi sul litorale. Alla pensione Eden dove abitavo io c'era un'infinità di ragazzi della mia età e con loro riempivamo ogni attimo del giorno e della sera facendo di tutto di più e non lasciandoci un attimo mai di riposo. Con loro ho condiviso le prime emozioni della mia adolescenza quando sulla spiaggia organizzavamo delle festicciole con il mangiadischi. Quei primi balli sulle canzoni di Celentano ed i primi innocenti bacini a piedi nudi sulla sabbia, erano emozioni grandi che resteranno indelebili nella mente per sempre.

Quando finiva il periodo estivo iniziava la caccia e dal 20 Settembre al 1 Novembre la vita si spostava in monte con babbo e tutti gli amici del paese. Con la conclusione della migrazione ottobrina si apriva un periodo altrettanto bello anche se le uscite erano solo domenicali. C'era un posto, che chiamavamo Collegalli, perché quello era il nome del paese più vicino, che era estremamente affascinante perché assolutamente incontaminato dall'uomo. Attraversavamo svariati chilometri di strade sterrate attraverso i boschi finché giungevamo in un posto dove c'era un recinto con tante mucche. Lasciavamo la macchina e proseguivamo a piedi e dopo un po', giunti alle cosiddette "Brentine", si trovavano dei vecchi appostamenti che si tramandavano di anno in anno in quanto gli unici abitanti di quel posto erano i cacciatori e le mucche. Ed era affascinante passare la giornata intera in quel luogo lontano dalla realtà, insieme a mio padre, al Maccarini ed al mio primo Breton di nome Nike.

A quel tempo l'ambiente era molto accogliente per ogni specie di animale, e lì a Collegalli svernava una quantità molto grande di tordi, fringuelli, peppole e tutti gli altri uccelli che oggi, in Italia, sono quasi spariti a causa delle culture intensive e l'impiego di veleni e diserbanti che trasformano l'ambiente naturale, un tempo ricco di biodiversità, in un posto freddo, privo di insetti e di qualsiasi altra forma di vita. In quelle giornate era facilissimo incontrare zigoli e frosoni, cutrettole e passere stipaiole, c'era il torcicollo e l'averla e la sera, dopo il rientro, il cielo si popolava di pipistrelli. Mi dispiace che l'opinione pubblica accusi i cacciatori di essere colpevoli della mancanza di avifauna in quando è evidente che è vero il contrario, che solo e soltanto chi ama la caccia e la natura dedica tempo denaro e tanto sacrificio nel tentativo di arginare i danni dell'evoluzione umana. Ogni domenica era una festa ed era fantastico il momento in cui accendevamo il fuoco per poi sederci dintorno aspettando che la carne fosse arrostita per mangiarla dividendola in quattro, Nike compresa. Durante il ritorno, che prevedeva una mezz'ora di cammino, spesso trovavamo la strada occupata da qualche mucca sdraiata che si preparava per la notte. Allora il Maccarini, che aveva origini di allevatori, si avvicinava ad uno di quegli animali statuari e toccandola sulla schiena gli intimava: "poggiaaa ... poggia". A fatica la mucca si alzava prima sulle zampe anteriori e poi sulle posteriori e se ne andava aprendoci il passo. Giunti a casa trovavamo l'accoglienza calorosa e l'apprezzamento di mamma per il carniere e, soprattutto, l'odore buono della cena pronta.

Quando incontro qualche cacciatore di quell'epoca sentiamo il bisogno di raccontarci e ricordare quei tempi e, con poca fiducia che il futuro possa migliorare le cose non possiamo che sottolineare che siamo stati tanto fortunati.

Capitolo 36

Un fratello per commissario

Con la fine della stagione la direzione tecnica della squadra fu affidata a Carlo Danna, sollevando dall'incarico, come era previsto, Serafino che aveva condotto magistralmente la squadra. A me resta la soddisfazione di avergli regalato quel mio terzo mondiale, vittoria della quale attribuisco molto merito a lui.

Carlo Danna era fra i campioni l'uomo che avevo apprezzato di più e con il quale avevo stretto un'amicizia profonda. Era stato compagno di squadra in quella mia prima trasferta in Inghilterra e fin da subito aveva dimostrato grandi attenzioni nei miei confronti. Io, che lo avevo conosciuto prima sui libri che di persona, ero rimasto spiazzato dalla sua generosità e soprattutto disponibilità a cercare, con grandi capacità sia tecniche che psicologiche, di farmi gradualmente migliorare. Carlo fu sicuramente fondamentale per la mia crescita e, come già vi dissi, anche artefice del mio passaggio in Winchester. Inutile dire che la sua presenza come C.T. per me era cosa importante visto che ero abituato a sparare quasi sempre alla sua presenza e sapevo che avrei potuto contare in ogni momento sui suoi preziosi consigli senza dovergli telefonare. Anche se temevo che il rapporto quasi fraterno che avevo con il nuovo

C.T. potesse togliermi qualche stimolo, la prima stagione con lui fu, a mio avviso, molto positiva. Nel frattempo avevo sostituito, su richiesta della Beretta, il mio SO5 con un nuovo modello di fucile lanciato sul mercato quell'anno che si chiamava ASE90.

Fui convocato, insieme a Pellielo e Scalzone, al Campionato Europeo che si disputò a Lisbona in Giugno e ci arrivai in uno stato di forma splendida. Condussi la gara in testa dall'inizio alla fine e terminai alla quinta serie con il punteggio di 124 su 125 che mi permetteva di arrivare in finale primo ma con un solo piattello di vantaggio sul belga Frans Peeters, che avevo avuto in finale con me sia a Perth che a Zagabria e che nel 1988 aveva vinto il bronzo alle Olimpiadi coreane. Credo che in ogni circostanza cambia la determinazione sulla quale il tiratore può contare e che tale variazione sia condizionata molto dagli eventi vissuti prima. Ciò è difficilmente gestibile con la forza di volontà. Se avessi potuto contare sulla stessa determinazione del mondiale di Barcellona probabilmente avrei vinto ma purtroppo, nel mio subconscio, mancava quell'umiltà che avevo avuto nelle gare precedenti. Così commisi due errori mentre il belga fece 25. Con 147 su 150 vinsi la medaglia d'argento e sommando al mio, i risultati dei miei compagni, la medaglia d'oro a squadre.

Stessa situazione anche al Campionato del Mondo che quell'anno fu ospitato, in modo magistrale, dalla società di Fagnano Olona. Anche in quest'occasione giunsi alla finale in testa, questa volta alla pari con quel tiratore russo fortissimo di nome Dimitri Monakov che avevo visto vincere a Seoul in occasione di quelle Olimpiadi appena menzionate. Qui a Fagnano la mia testa era ancora più distratta dalla presenza di moltissimi amici tiratori e non che erano venuti per fare il tifo con la convinzione che un italiano potesse vincere. In quell'occasione ebbi anche la sorpresa del mio amico del cuore, Rudy Ancillotti, che era venuto da Lamporecchio per sostenermi nell'ultima giornata. Pur avendo fresca la sconfitta di Lisbona e conoscendo bene i risvolti psicologici negativi causati dalla mancanza di umiltà, affrontai la finale con tante tensioni ma senza poter contare sulla forza della mia determinazione e sbagliai tre volte in modo da privarmi anche della soddisfazione del podio. Giunsi quarto con 145/150 alle spalle di Monacov 148, Cristophe Vicard 146 e Lance Bade 146. Ad alleviare la delusione suonò l'inno di Mameli per la vittoria del titolo mondiale a squadre.

In conclusione voglio ribadire che è difficile contrastare gli effetti provocati dalle vittorie sulle nostre potenzialità e questo è ampiamente dimostrato dal fatto che quasi sempre l'atleta che riesce ad imporsi in una gara di grande importanza spesso non riesce ad ottenere la stessa affermazione la seconda volta. Allo stesso modo penso che la sconfitta che brucia provochi un aumento delle potenzialità nella gara successiva. Sicuramente, nella mia mente, avevano preso il sopravvento una messe di cose esteriori e superficiali che ti fanno sentire che sei comunque il campione del mondo in carica e dimenticare l'umiltà che ti fa sputare il sangue anche solo per scalare una posizione di una classifica non di primo piano.

Dal 7 al 12 settembre, a Monaco di Baviera, si svolse la finale di Coppa del Mondo. In quell'occasione, con decisione di Carlo, salimmo a Monaco in pullman. Quel campo di tiro ha in sé un fascino tutto suo e quando ci arrivi ti sembra di rileggere la storia delle Olimpiadi 1972 e ti sembra di trovarci Angelo Scalzone che passeggia col fucile, sorridendo, lui che con quel risultato stratosferico di 199/200 fu medaglia d'oro. Tirai molto bene nei due giorni di allenamento alternando dei 24 su 25 a delle serie piene e iniziai con 24/25 anche il primo giorno di gara, facendo zero al quarto piattello. A quel punto non so bene cosa mi sia successo ma nelle successive cinque serie che si susseguirono nei tre giorni di competizione, compresa la finale, non sbagliai più niente e conclusi vittorioso con il punteggio record di 149 su 150 che avevo fatto soltanto una volta a Lonato in occasione di un Gran Premio Fitav vinto durante il lungo periodo della mia squalifica federale. Ad applaudirmi su quella tribuna olimpica di Monaco c'era il mitico Dottor Gualtiero Martini che dimostrando di sentirsi parte attiva della mia gara esclamò con un mastodontico sorriso: "e questa volta si poteva sbagliare anche l'ultimo ... ma non s'è sbagliato". Resterò per sempre grato a Gualtiero per avermi dimostrato un affetto infinito ma anche, e soprattutto, per avermi portato con la sua presenza, l'affetto del mio paese, e in quei momenti in cui ne sentivo veramente il bisogno, il calore della mia gente.

Capitolo 37

Per un piattello in più

Quella del 1995 fu un'altra stagione molto sentita in quanto l'anno successivo si sarebbero disputate, in Georgia, ad Atlanta le Olimpiadi. Nel programma che mi riguardava il Commissario tecnico Carlo Danna inserì in particolare quattro gare: la Coppa del Mondo di Seoul in Corea, quella di Chiba in Giappone, il Campionato del Mondo che si sarebbe svolto a Nicosia sull'isola di Cipro ed il Campionato d'Europa di Lathi in Finlandia.

In Corea sparai piuttosto bene e chiusi la gara, finale compresa, con il punteggio di 145 su 150, alla pari con il mio compagno di squadra Marcello Tittarelli e dietro un solo piattello ad un tiratore che ormai era diventato fortissimo e che si proponeva come l'uomo da battere dei successivi 10 anni: Michael Diamond. Io conclusi al terzo posto poiché nello shoot off ad un colpo contro Marcello sbagliai il terzo piattello che invece lui colpì. A Chiba entrai nella finale ma chiusi al sesto posto. Mi rendevo conto che ciò che mio padre mi aveva sempre detto "è sempre l'ultima gara quella che conta" era vero ed io ogni volta sentivo sulla pelle la necessità di dover far bene per sentire mio quel posto in squadra, anche se la gara precedente avevo vinto.

A Cipro il campo è uno dei più regolari che io abbia mai conosciuto, in più i piattelli che si sparano risultano sempre molto fragili. In allenamento io Tittarelli e Pellielo sparammo tutti e tre ad altissimo livello ma il primo giorno di gara, io alla prima serie inciampai in un 23 che sicuramente sarebbe stato penalizzante non solo per la mia gara individuale, ma anche per la squadra. Mi feci forza ricordando la storia che avevo vissuto nell'89 a Zagabria con Mattarelli e nelle due serie successive riuscii a fare prima 24 e poi 25 chiudendo il primo giorno con un accettabile 72/75 che, insieme ai due 73/75 dei miei compagni, ci poneva in testa alla gara per nazioni, ma soltanto con un piattello di vantaggio sullo squadrone australiano capitanato da Diamond. Presi atto che sarei stato io a dover sparare per ultimo dovendomi accollare, come al solito, la responsabilità di sparare gli ultimi 25 piattelli che avrebbero decretato la classifica a squadre. La prima serie i miei fortissimi compagni fecero tutti e due 25 e poco dopo anch'io li seguii. Aspettavo con impazienza di sapere il risultato della loro seconda serie, in cerca di un po' di serenità. Pellielo tornò sorridendo, aveva fatto 25 e chiuso con 123 su 125. Dopo poco Tittarelli venne a dirmi che anche lui aveva chiuso a 123 con un'altra serie piena. A quel punto arrivò Carlo Danna che mi prese sotto il braccio per accompagnarmi verso la pedana dell'ultima serie dicendomi che avevamo margine e che sparassi determinato ma allo stesso tempo tranquillo. Entrai in pedana come sempre avvolto in un alone di terrore, sentivo forte la paura di poter di incappare in qualche problema che potesse rivelarsi determinante per la mia squadra. Con grande attenzione e lentamente affrontai e ruppi uno alla volta tutti i 25 piattelli dopo di che, sapendo di aver vinto, mi girai verso Carlo per andare ad abbracciarlo. Lui stava esultando insieme agli altri anche di più di quanto per me fosse logico in quel frangente.

Allora lui euforico mi raccontò "anche gli australiani hanno rotto come noi tutti i 150 piattelli del secondo giorno ed un eventuale tuo errore avrebbe automaticamente consegnato a loro il titolo mondiale" e continuò "oggi siamo stati forti davvero". Ho ripercorso la storia di quel giorno tante volte ed ogni volta mi viene la pelle d'oca e non mi sembra possibile. Quella vittoria presentava per me il sesto titolo mondiale per nazioni. Poi ci fu la vittoria individuale di Giovanni proprio su Diamond con 123 + 25 mentre con lo stesso punteggio Marcello era dovuto rimanere fuori dalla finale come settimo della classifica ed è inutile sottolineare ancora una volta che quelle regole che erano state introdotte erano assolutamente antisportive poiché è assurdo che è un tiratore debba restar fuori dalla finale pur avendo conseguito lo stesso punteggio di colui che diventerà campione del mondo. Io con il mio soffertissimo e bellissimo 122/125 arrivai 10° della classifica finale.

All'europeo di Lathi feci ancora 145 su 150 ma servì soltanto ad arrivare quarto in quella gara dove nessuno di noi riuscì a prendere una medaglia. La stagione 1995 si sarebbe conclusa con la consueta finale di Coppa del Mondo sempre su quel magico campo olimpico di Monaco di Baviera. Ricordo che Diamond arrivò sul campo sorridendo con il fucile spezzato a metà e raccontandoci che all'aeroporto un operatore col muletto aveva visto bene di salire sopra al suo fucile. 25 24 24 del primo giorno e 25 25 del secondo giorno furono in sequenza le mie cinque serie che mi dettero l'opportunità di accedere alla finale primo con 123 su 125 avanti di uno al mio compagno di squadra Pellielo. La finale fu sofferta e facemmo entrambi 24 su 25.

Così con 147 su 150 vinsi per la seconda volta, anzi, per la seconda volta consecutiva, quella meravigliosa coppa di cristallo.

Figura 37.1: *Le mie due Coppe del Mondo 1994 e 1995*

Se mi soffermo a fare un'analisi delle mie ultime due stagioni indubbiamente non posso dire di averle fatte male ma sicuramente mi rendo conto che era scomparsa dalla mia testa quella potente determinazione che avevo trovato al mio rientro dopo la squalifica nel 1987 e che era durata fino al mondiale di Barcellona 93. Adesso tecnicamente ero sempre forte allo stesso modo ma dovevo prendere atto che, con eccezione delle due finali di Coppa del Mondo, ogni volta mi mancava il colpo di reni per poter vincere e mi veniva naturale accontentarmi di arrivare nelle prime posizioni, ma senza mai vincere.

Capitolo 38

Rocce bianche illuminate dalla luna

Luca Marini era stato mio compagno di tiro alla Fossa Olimpica ma quando fu lanciata la specialità double Trap lui si dedicò a quella a tempo pieno abbandonando la fossa e ottenendo da subito ottimi risultati. Comunque noi avevamo fatto amicizia e spesso dividevamo spazi di tempo anche al di fuori del tiro. Quell'anno mi raccontò che in Ottobre con un gruppo di amici avevano occupato un valico di alta montagna buono per il passo e mi invitò a raggiungerlo la domenica successiva. Lui dormiva su ed io sarei potuto andare con uno dei suoi amici che saliva quel giorno. Accettai. Alle tre ero al distributore sul viale Adua a Pistoia. Lì incontrai Eliano che conoscevo perché era l'impiegato del negozio di sport dove qualche giorno prima avevo comprato un paio di scarpe da ginnastica. Trasferii la mia roba da caccia sulla sua macchina e partimmo verso la montagna pistoiese. Mi spiegò il programma "abbiamo circa trenta minuti di macchina poi dobbiamo proseguire a piedi per circa due orette. Ci sono dei pezzi di salita ma anche parecchio sentiero abbastanza pianeggiante. Spero che il tuo zaino non sia troppo pesante comunque se ci sono problemi eventualmente ti do una mano io che sono abituato", ci fu una pausa che io sfruttai per realizzare che nel mio zaino avevo messo 150 corazzate, l'acqua, il vino, qualche panino e molto altro e continuò "il viaggio è lungo ma, soprattutto con una luna così, sarà bellissimo". Prima di spegnere il motore mi indicò una montagna verticale la cui vetta era almeno 250 metri più alta di noi dicendomi "il pezzo più duro è fino alla cima di questo monte poi tutto diventa più facile". Nascosi la mia preoccupazione ma se avessi potuto sarei tornato a Pistoia. Mi misi quello zaino alle spalle, presi il fucile e iniziammo a salire lungo un sentiero estremamente ripido.

Lui era secchissimo e sicuramente pesava una cinquantina di chili meno di me. "Se tieni quel passo lì io non ce la farò mai a starti dietro" gli dissi dopo nemmeno un quarto d'ora di viaggio. Lui mosso a compassione rallentò ma per me era comunque impossibile mantenere anche quel ritmo un po' più lento. "Quanto manca a quella vetta che si vedeva dalla macchina?" Dissi anche per farlo girare in modo che si accorgesse che avevo perso una trentina di metri. "Manca ancora un po'... fai una cosa togli le cartucce dallo zaino e dalle a me". In tre secondi mi tolsi lo zaino presi la borsa delle cartucce e gliele detti. Dopo 45 minuti di viaggio raggiungemmo la vetta; c'era una grande piazzola con una panca di legno ed una luce lunare meravigliosa. Lo pregai di riposarci un attimo e ci sedemmo. "Soltanto tre minuti però altrimenti arriviamo tardi per il primo tordo, tanto adesso il peggio è fatto", "menomale" dissi con il fiatone che non si calmava; e ripartimmo. In effetti quel sentiero illuminato dalla luna era di una bellezza che non riesco a rappresentare a parole... la strada era quasi pianeggiante ma Eliano, nonostante avesse tre bagagli aumentava la velocità ed io ad ogni curva lo perdevo di vista. Ogni poco gli dicevo "rallentiamo un pochino" ed allora lui si fermò e mi disse "dammi anche il fucile se no un s'arriva in tempo". Gli consegnai anche il Benelli. A quel punto mi sentii un po' riavere ma quando lui ripartì riprendendo quel passo da maratoneta iniziai subito a riperdere metri domandandomi come poteva fare con due fucili, trecento cartucce e lo zaino ad andare così forte. "Forza una ventina di minuti e siamo in cima", disse e analizzando la mia condizione prese dalle mie spalle anche lo zaino. L'ultima parte del viaggio tenni il suo passo. Ad un certo punto del nostro camminare avevo notato che non c'era più vegetazione ma il sentiero era contornato solamente dalla roccia bianca ed a sinistra ed a destra avevamo due valli infinite in fondo alle quali, a molti chilometri, si vedevano le luci di qualche città. Ad un certo punto Eliano si fermò e indicando una lucina ad un paio di cento metri più in basso di noi "siamo arrivati; quella è la luce della nostra base". Io mi buttai in terra e mi sdraiai "mi riposo un attimo e arrivo". Nonostante la nausea che era sopraggiunta nell'ultima parte del viaggio riuscii a non vomitare. Da quella posizione con la testa appoggiata in terra si vedevano una quantità infinita di stelle che non avevo mai visto in nessun altro posto e per di più mi sembravano estremamente più vicine di sempre. L'immagine di quelle rocce bianche illuminate dalla luna piena e tutte quelle stelle è un quadro indelebile nella mia mente.

Arrivò Luca che mi aiutò ad alzarmi e mi portò alla base. Entrai in uno stanzone con le pareti di legno con al centro un tavolo molto lungo con una stufa accesa ed una luce centrale alimentata con una batteria da auto. Al tavolo Eliano ed altri amici che mi offrirono il caffè ed i cani da riporto ognuno sdraiato vicino al proprio padrone. Sono immagini di una favola così bella che solo chi ha la fortuna di conoscere la caccia può vivere.

Bevvi il caffè mentre tutti uscivano per raggiungere i loro appostamenti. Mentre seguivo Luca si sentivano gli zirli dei tordi. Ci fermammo in un punto più basso del crinale per poter vedere un pezzo di cielo verso le prime luci dell'alba ma i tordi passavano così veloci e bassi che non era possibile inquadrarli. Nessun problema era un momento così magico che avrei voluto che durasse più a lungo possibile pur non sparando mai... Di quella giornata strepitosa ricordo che ci venne un branco di colombacci che si videro salire lungo le rocce della valle quando erano ancora a molte centinaia di metri di distanza. Lì, su quelle rocce così vicine al cielo, tutto acquisisce un fascino straordinario ed anche gli uccelli sembrano avvolti in un inconsueto alone di magia. Sparai due colpi e ne caddero due... poi ricordo il pranzo e le risate attorno al tavolo in quella meravigliosa stanza di legno.

Capitolo 39

La forza del pensiero

Erano passati molto velocemente quattro anni da quella prima esperienza olimpica di Barcellona 92 e già stavamo addentrandoci nella nuova stagione olimpica. Già all'inizio di quel 1996 il commissario tecnico Carlo Danna annunciò subito la squadra che sarebbe partita per Atalanta. Io, Tittarelli e Pellielo. Dentro di me come al solito c'era la voglia di non trascurare nulla della mia preparazione, nemmeno le piccole cose, in modo da sentirmi pronto per affrontare la mia seconda Olimpiade, cercando di superare lo spauracchio di trovarmi in uno stato di forma che non mi facesse sentire all'altezza di rappresentare l'Italia del tiro a volo. Avvertivo che la consapevolezza delle vittorie degli ultimi anni aveva generato in me una sorta di appagamento psicologico ed incosciente al quale cercavo di oppormi con ogni forza sapendo che per dare il massimo di noi stessi dobbiamo essere animati soltanto da stimoli forti e da grande umiltà. Con il senno di poi ho capito che la forza del pensiero è molto più forte delle nostre volontà e mentre possiamo decidere ogni azione meccanica del nostro allenamento fisico non possiamo fare altrettanto per smuovere le forze del nostro pensiero. Il subconscio pensa indipendentemente dalla nostra volontà e tutto ciò è molto difficile da modificare. Soltanto il tempo riesce ad essere efficace. Comunque sia io cercavo di pensare con la stessa umiltà che avevo prima di dimostrarmi di essere in grado di vincere, e speravo di riuscire a superare la situazione. Carlo dal canto suo era eccellente nel riuscire a metterci tutti nella condizione di giungere alla gara al massimo delle nostre possibilità. Pur sparando bene ogni serie trovavo sempre il modo per farmi cogliere in qualche circostanza distratto, almeno una volta e nelle cinque serie della gara olimpica commisi sei errori. Il mio 119/125, stesso risultato ottenuto da Marcello Tittarelli, ed anche il 120 di Pellielo erano punteggi insufficienti per accedere alla finale. Alla tristezza per il mio insuccesso si associava quella per l'insuccesso totale della squadra soprattutto per aver trascinato nella nostra debacle anche il C.T. che meritava ben altro. Anche nelle prove di Coppa del Mondo, fatte durante la preparazione olimpica, non avevo sparato bene e quell'anno non ero nemmeno qualificato per la finale di Monaco di Baviera. Iniziavo a pensare che avrei dovuto studiare qualcosa per smuovere questo mio status generale.

Con l'inizio del 1997 la Beretta mi chiese di sostituire il mio ASE 90 con il nuovo modello appena uscito che si chiamava ASE Gold. Fu un ostacolo ulteriore poiché non riuscii mai, per tutto il tempo che lo utilizzai, a raggiungere un livello di risultato accettabile. Unico podio fu la medaglia d'argento ottenuta in India, nella prova di Coppa del Mondo. Nel frattempo avevo spostato anche in alto il mio peso corporeo che dai 102 kg di Barcellona era arrivato a 108 kg. Decisi di sospendere l'attività di preparazione al tiro e, in accordo con il C.T., di rinunciare sia al Campionato d'Europa che ha quello mondiale di quell'anno. Ne parlai molto con babbo ed eravamo d'accordo che la perdita di peso ottenuta attraverso una dieta non avrebbe portato nessun beneficio e che se volevo stravolgere il mio corpo l'avrei dovuto fare attraverso un'attività fisica forte. Con babbo andammo a comprare una bicicletta da corsa. All'inizio fu veramente dura ma man mano che mi abituavo a pedalare mi accorgevo che non solo aumentava il numero dei chilometri che riuscivo a fare per ogni viaggio, ma aumentava notevolmente anche il piacere di farli ed in questo modo nacque in me anche una passione sfrenata per la bicicletta da corsa. In più c'era il fatto che vedevo scendere costantemente il mio peso ponderale e questo aumentava la voglia di insistere con il miraggio di poter raggiungere una nuova condizione generale che mi permettesse di tornare forte nel tiro. In quei mesi feci anche delle corse amatoriali su distanze anche di 120 km e mi rendevo conto come in questo nuovo sport avessi degli stimoli in grado di farmi sacrificare e produrre il massimo sforzo, non per vincere, ma soltanto per l'obiettivo di arrivare nei primi 100 della classifica. Così facendo alla fine del 1997 avevo perso 27 kg. Nel 1998 tornai a sparare con un'energia diversa e non abbandonai la bicicletta da corsa che, al di là del rischio che purtroppo ti fa correre viaggiando le strade trafficate, resterà sempre una delle passioni più belle che ho avuto. Tornando a sparare si erano annullate tutte quelle forze negative che mi distraevano e dentro di me era tornata una gran voglia di vedere ciò che ero adesso e ciò che sarei riuscito a fare. Al contempo si rendeva necessario riprendere un po' di peso perché era lampante che 84 kg erano troppo pochi e quando in funzione di un buon livello di risultati Carlo mi convocò per la Coppa del Mondo che si sarebbe svolta a Cairo pesavo 94 kg. Scoprii di aver recuperato quella voglia di soffrire piattello per piattello e in quella prova di Coppa del Mondo egiziana tornai alla vittoria guadagnando anche la carta olimpica per l'Olimpiade di Sidney 2000. Sul terzo gradino del podio Sandro Macabbi, che oltre ad essere stato un eccellente e fortissimo compagno di squadra, è stato e continua ad essere un mio grande amico e compagno di vita.

Figura 39.1: *Podio individuale con Sandro Macabbi medaglia di bronzo*

Nell'abbraccio con Carlo c'era tutta la mia riconoscenza anche per avermi escluso dalle squadre dell'europeo e del mondiale dell'anno precedente innescando in me una gran voglia di rivalsa. Carlo dimostrava una grande soddisfazione per essere riuscito nell'intento di riportarmi in alto e quella sera in separata sede mi confidò: "Aspettavo che tu tornassi a vincere per mettere in pratica una decisione che ho preso da tempo. Lascio la direzione tecnica della squadra nazionale. Ho in mente di svolgere un ruolo diverso, sempre inerente al tiro, lontano dall'Italia". Per me fu una notizia agghiacciante. Non mi aspettavo proprio una cosa del genere e la soddisfazione di quella vittoria che in quel momento era immensa, si trasformò nella triste consapevolezza di dover perdere la vicinanza della persona alla quale mi sentivo più legato e, se anche sapevo che il nostro affetto reciproco non si sarebbe mai spento, mi rendevo conto che da quel momento probabilmente non avrei, se non saltuariamente, più potuto passare del tempo con il mio amico fraterno.

Dopo qualche giorno ricevetti la telefonata del presidente Luciano Rossi che, colto di sorpresa dalle dimissioni del C.T., mi chiedeva di una mia disponibilità a sostituirlo. La cosa colse anche me di sorpresa e nonostante avessi sempre pensato che quel ruolo fosse l'obiettivo primario mio e credo di ogni altro singolo atleta che ama e dedica completamente la propria vita ad uno sport, risposi che avevo ritrovato dentro me stesso quella voglia meravigliosa di competere ancora attivamente per la medaglia e che in questo momento per me era assolutamente impossibile rinunciarci. Riflettevo anche sul fatto che se la stessa cosa mi fosse stata proposta l'anno precedente l'avrei accettata immediatamente ma oggi il richiamo della competizione era troppo forte. Parlammo ampiamente con Luciano ed anche lui convenne che poteva essere una decisione prematura e condivise la mia scelta. Così dopo qualche altro giorno venne ufficialmente consegnata la direzione tecnica della squadra di trap ad Albano Pera. Io avevo caldeggiato e sponsorizzato la candidatura di Albano con il presidente non solo perché con lui avevo diviso diversi anni di emozioni profonde, non solo perché lo consideravo un amico, ma soprattutto perché in quel momento lo ritenevo all'altezza di quel ruolo più di ogni altro.

Barcellona ospitava ancora una volta il mondiale ed io fui chiamato a comporre la squadra insieme sempre a Tittarelli e Pellielo. Ero tornato ad esser competitivo e condussi la gara nelle prime posizioni chiudendo con 122/125... poi 24 in finale. Con 146/150 tornai a vincere la medaglia di bronzo; il mio secondo bronzo mondiale individuale accompagnato dal mio settimo oro a squadre. Quell'anno segnò in un certo modo la mia rinascita agonistica. C'era stato bisogno di sentirmi finito, c'era stato bisogno di uno scossone forte che mi desse la possibilità di ripartire dal basso per una sfida tutta nuova con me stesso.

Capitolo 40

Podio Azzurro

In quel momento di ritrovate motivazioni, non sospesi, nemmeno in inverno, l'attività ciclistica alla quale attribuivo una importanza determinante nel mio cambiamento fisico e che mi dava garanzia di mantenere il peso corporeo di 95 kg che ritenevo perfetto. Con Albano tutto procedeva regolarmente e mi sentivo di poter affrontare quel 1999, stagione che precedeva quella olimpica, in condizioni molto positive. Durante quel periodo di difficoltà di due anni prima avevo anche pensato che fosse giunto il momento di abbandonare il tiro e manco per sogno avrei potuto pensare di partecipare un'altra volta ad una competizione olimpica; mentre oggi mi sentivo nelle condizioni migliori per affrontare qualsiasi difficoltà mi si ponesse di fronte.

In giugno si disputarono in Francia, a Poussan, i campionati europei e Pera convocò una formazione inedita composta da me, Pellielo e Rodolfo Viganò. Rodolfo lo avevo conosciuto da piccolissimo quando iniziò a frequentare i campi di tiro al fianco di suo padre Mario anche lui tiratore eccelso; aveva dimostrato delle doti incredibili, non ancora ventenne, battendo Basagni in uno spareggio per la vittoria della Gold Cup Beretta. Di Rodolfo dico che per me è uno dei tiratori, insieme a Daniele Cioni ed a Silvano Basagni, di maggior classe dell'intero palcoscenico tiravolistico e che, pur avendo avuto una carriera straordinaria di successi, ha vinto molto meno di ciò che avrebbe meritato. In Francia io continuai a sparare con la serenità e la determinazione ritrovate e giunsi primo in finale con il punteggio di 122/125, che su quel campo appariva un punteggio assolutamente difficile da ottenere. Avevo un piattello di vantaggio su Rodolfo Viganò e Joao Rebelo, e tre su Giovanni Pellielo. Fu una finale bellissima e molto combattuta dalla quale io uscii vincitore con 145/150. Per determinare la classifica del secondo e terzo fu necessario uno shoot off fra quattro tiratori accreditati di 143/150 fra cui tutti e due i miei compagni di squadra. Quello spareggio ci permise di realizzare un podio tutto italiano, con Giovanni medaglia d'argento e Rodolfo medaglia di bronzo. La stessa cosa mi era successa a Tallinn in quella prova di Coppa del Mondo insieme a Daniele e ad Albano ma qui l'emozione e la festa erano ancora più grandi poiché si trattava del titolo continentale. Ricordo ancora la corsa verso Albano dopo aver sparato l'ultimo piattello. Per me era il ritorno alla vittoria di un titolo importante ma era anche una vittoria al fianco di Albano con il quale avevo condiviso tanti anni di squadra e al quale dedicai con infinita soddisfazione la mia medaglia.

La finale del Campionato Italiano 1999 si disputava a Lonato in una data che anticipava di poco lo l'apertura della caccia. Ogni anno io e i miei amici della banda Masetto riversavamo particolare attenzione nell'apertura della caccia alle tortore, non solo perché era il primo giorno di una nuova stagione venatoria, ma soprattutto perché ci permetteva di vivere una decina di giorni insieme in un accampamento lungo il fiume Elsa per tenere i posti ed aspettare il primo giorno di caccia. Per noi era diventata

Figura 40.1: *Il podio individuale del Campionato d'Europa di Poussan... soltanto azzurro*

una tradizione assolutamente imperdibile ma io ed anche il mio amico Piero Quagli che militava in prima categoria quell'anno non eravamo completamente disponibili avendo l'appuntamento del Campionato Italiano. Quindi lasciammo agli altri il compito di allestire l'accampamento garantendo la nostra presenza non appena fossimo rientrati da Brescia. I nostri amici Lanfranco Caponi e Carlo Ferrali per darci degli stimoli ci salutarono così "voi pensate a sparare bene, noi vi aspettiamo qua, e se qualcuno dovesse vincere lo scudetto potrà scegliere il miglior capanno per il giorno dell'apertura".

In quell'occasione avevo preparato, insieme a Romagnoli, le Silver non solo per me ma anche per Piero, anche se le mie erano a 24 g e le sue, in funzione delle regole del momento, a 28 g. Alla fine della serie di finale ci ritrovammo in tre alla pari con 143/150 e fu necessario lo Shoot off per l'assegnazione del titolo. Alla pari con me c'erano Massimo Croce e Roberto Scalzone. Il mio grande amico Roberto sbaglio il primo piattello e dovette accontentarsi della medaglia di bronzo mentre io e Massimo Croce andammo avanti fino al terzo quando lui sbagliò lasciando a me la vittoria del mio secondo titolo italiano di categoria eccellenza. Intanto Piero aveva rotto tutti i suoi 150 piattelli senza sbagliare mai, dominando la gara di prima categoria e realizzando un record che, pur sparando cartucce con 28 g di pallini, appariva sproporzionato viste le difficoltà dei lanci.

Così arrivammo all'accampamento di caccia con due scudetti, cosa che ha dell'incredibile, e trovammo i nostri amici Lanfranco Carlo Velio e molti altri che avevano piantato ovunque bandiere tricolori e che ci accolsero con un applauso che ha rappresentato uno dei momenti più commoventi della mia storia di tiratore.

Capitolo 41

L'apertura alla stanziale

Tommaso era voluto venire assolutamente con me per vedere rimettere i fagiani, ossia a controllare dove qualche animale si rifugiava per la notte, per poterlo scovare più facilmente il giorno successivo dell'apertura della caccia alla stanziale. Ogni cacciatore impara ad amare profondamente soltanto una delle molteplici tipologie, tutte belle, di caccia ed io, che avevo conosciuto attraverso mio nonno e mio padre, per prima, la caccia ai migratori ero legato a quella, ma il giorno dell'apertura alla stanziale era tradizione costituire gruppi di amici, ed onorarla. Con Carlo Ferrali e Lanfranco Caponi, che hanno accompagnato la mia gioventù venatoria e con i quali ho vissuto mille avventure emozionanti senza mai un'incomprensione, ci univamo al gruppo di Giorgio Benvenuti, forte cacciatore cinofilo, per passare la giornata dell'apertura di caccia al "Poggio".

Da quando lo conobbi, Giorgio è stato sempre un amico particolare ed è una delle persone più umili e generose che abbia conosciuto, oltre ad essere stato, per me, anche un prezioso esempio di vita. Io e Tommaso ci eravamo seduti in un angolo di un boschetto da dove potevamo dominare un'ampia zona per cercare di intercettare i fagiani che andavano a dormire. Ad ogni avvistamento leggevo l'emozione negli occhi di mio figlio e sapevo che sarebbe stato impossibile non portarlo con me l'indomani. A notte sopraggiunta ci incontrammo tutti e Giorgio fece il piano

Figura 41.1: *Una foto recente a caccia con Tommaso, Giorgio Benvenuti e Rudy Ancillotti*

strategico per il giorno successivo. Io e Lanfranco, inizialmente, avremmo dovuto presidiare la strada che costeggiava un'enorme vigna e dove era possibile il passaggio di una lepre alle prime luci dell'alba. Con largo anticipo eravamo lì, distanziati di una cinquantina di metri l'uno dall'altro ed al mio fianco, super emozionato ed attentissimo ad ogni particolare, c'era Tommy.

Quando l'alba era ancora lontana ed era sopraggiunto soltanto qualche fievole segnale di luce vidi l'esile braccio di mio figlio indicare la parte esterna della vigna. Spostai velocemente lo sguardo in quella zona e vidi la sagoma di una lepre, seduta. Trattenemmo il respiro e poco dopo quell'animale maestoso riprese il proprio cammino per raggiungere il bosco dietro di noi, e avendo avvertito probabilmente la nostra presenza, aumentò repentinamente la propria velocità. Imbracciai il mio Benelli 121 e sparai un colpo che, colpita a morte, fece catapultare la lepre. Tommaso la raggiunse in un attimo, la prese per una zampa posteriore e guardandomi iniziò a trascinarla verso di me manifestando una gioia quasi incontenibile. Quell'immagine di mio figlio è restata impressa nella mia mente e niente potrà mai cancellarla. Non ricordo nient'altro di quella giornata, ricordo soltanto lo sguardo felice di Tommaso.

Capitolo 42

Scelte affrettate

Ma quando tutto sembra brillare e funzionare al meglio, questa vita ci propone sempre qualche tranello che possa in qualche modo disturbare la perfezione del momento.

Vi dirò che in quel momento particolare, nonostante l'assoluta supremazia di utilizzo delle cartucce Winchester, l'azienda stava passando un brutto momento economico dovuto probabilmente ad una dimensione industriale non in sintonia con un settore che iniziava a mettere in luce delle difficoltà generali. Quindi fui chiamato dai miei dirigenti Aurelio Cesaritti e Giorgio Fontana ad un incontro dove, con molta sensibilità e dimostrandomi un affetto ed un riguardo particolari, mi misero di fronte ad una scelta; "l'anno prossimo la nostra amata azienda Winchester non esisterà più poiché il marchio verrà ceduto ad altri gruppi. Tu hai un contratto che scadrà alla fine dell'anno prossimo e che noi ti garantiamo di rispettare fino all'ultimo, ma ci teniamo a dirti che da questo momento, se vuoi, possiamo rescinderlo in modo che tu possa definire un accordo con un'altra azienda contando sul vantaggio della tua sicura presenza a Sydney l'anno prossimo e potendo quindi sfruttare al massimo la situazione realizzando un accordo per cinque anni".

Io non avrei mai voluto sentire quelle parole anche se capivo che erano dettate da una grande riconoscenza nei miei confronti. In effetti io amavo profondamente quel marchio e credo che probabilmente sul mio cuore, ancora oggi ci sia inciso il cavallino di Buffalo Bill ma a volte nella vita ti si presentano delle situazioni dove non sai bene come muoverti e dove è facile sbagliare. Credo che la debolezza umana rappresenti uno degli ostacoli più difficili da superare nella vita ed io, in quell'occasione, cedetti al richiamo di un miglioramento economico trascurando l'importanza di tutto ciò che avevo costruito nella mia psiche e che mi avrebbe sicuramente supportato in modo fondamentale la stagione successiva quando avrei sparato ancora una volta per la medaglia olimpica.

Così mi affidai ai consigli di un sacco di persone che influirono molto sulla mia decisione, e rescissi il mio contratto con la Winchester. A Castenaso dove risiede la Baschieri e Pellagri fui accolto con molto calore ed entusiasmo dal suo direttore Nerio Ciccotti e da tutti gli altri che lo affiancavano. La ditta Baschieri è sicuramente una delle aziende del settore cartucce sia da caccia che da tiro più famose ed affermate del mondo. Io mi presentai con tutto il mio bagaglio di esperienze preziose che avevo fatto ad Anagni per merito di Claudio e speravo di poter essere ascoltato in modo da poter contare su delle cartucce che assomigliassero il più possibile a quelle che avevo dovuto lasciare. Tutto ciò anche perché io sapevo che le tecnologie di caricamento delle cartucce da tiro Baschieri erano abbastanza distanti dalle idee che avevamo messo in pratica alla Winchester. Mi fu lasciato intendere che le cartucce BeP erano quotate come le migliori al mondo e che io avrei dovuto pensare solo a colpire il piattello che alle cartucce ci avrebbero pensato loro. Così iniziò la mia nuova stagione 2000.

Capitolo 43

Banane greche

Nerio Ciccotti mi chiese se ero disponibile ad andare in Grecia in rappresentanza della Baschieri e Pellagri insieme a Daniele Cioni. Saremmo stati ospiti del sig. Mavrulis, produttore dei pallini che venivano impiegati nel caricamento delle cartucce, e avremmo partecipato ad una gara di tiro sponsorizzata dalla nostra ditta. Accettai di buon grado la sua richiesta. Il campo che trovammo era molto bello e i lanci ci sembrarono subito molto difficili. Lì c'erano ad aspettarci due giovani tiratori greci che avevamo già incontrato in alcune occasioni di gare internazionali dove loro rappresentavano la squadra nazionale greca e con loro iniziammo ad allenarci per il giorno successivo quando avremmo dovuto affrontare la gara. Per noi era più una festa che una gara e stavamo molto bene insieme ai nostri amici. Nonostante le difficoltà io riuscii a fare 144/150 e quindi a vincere per distacco. Tutto ciò ha poca importanza e serve solo per introdurre ciò che successe alla sera della cerimonia di chiusura della gara, poiché è una storia che non potrò mai dimenticare.

Finita la premiazione andammo direttamente al paese dove nelle strade erano stati sistemati ovunque tavoli apparecchiati e dove c'erano, sparse qua e là, griglie e banconi con fornelli vari dove venivano preparati dei piatti tipici e buonissimi per la cena. Noi ci sedemmo vicino ai nostri amici greci che fecero portare subito dei boccali meravigliosi di birra fresca che noi cominciammo subito a bere prima di iniziare la cena. Del resto c'era aria di festa ed io e Daniele non perdevamo occasione in questi frangenti per dare spazio alla nostra debolezza di mangiare e bere di più di quello che facevamo normalmente a casa durante l'anno. In questa occasione avevamo trovato degli interlocutori perfetti nei nostri amici greci che non appena finite le prime birre fecero portare altri boccali. Nel frattempo iniziarono ad arrivare sul tavolo anche i primi piatti di pasta e carne molto buoni che noi mangiavamo accompagnandoli con quella birra meravigliosa.

Io Daniele ed i due nostri amici simpatici dopo poco tempo avevamo bevuto più di un litro di birra per uno. Noi fin dalla nostra militanza come junior ricordavamo storie nelle quali alla serata di chiusura di molte gare ci eravamo divertiti a far ubriacare i nostri colleghi delle squadre avversarie puntando sul fatto che a noi l'alcool faceva ben poco mentre loro, con nostra grande soddisfazione, finivano spesso sdraiati a dormire per terra. E così anche quella sera pensammo la stessa cosa e Daniele ridacchiando mi disse piano "se si va avanti così questi fra un po' cascano tutti per terra", io, che avevo notato gli occhi di Daniele più lucidi del solito, replicai: "comunque mi sembra che anche loro lo reggano bene l'alcool". Quando il terzo boccale di birra era finito per tutti uno dei due greci disse "È il caso di finirla con la birra, adesso andiamo avanti con la tequila" e ordinò una bottiglia di quel liquore, con quattro bicchieri e lo zucchero. Io che non avevo mai bevuto la tequila, chiesi lumi e mi spiegarono che si trattava di una cosa buonissima che andava bevuta in un piccolo bicchiere dove veniva posto dello zucchero dove si appoggiavano le labbra. Poi tutti insieme dovevamo sbattere il culo del bicchiere sul tavolo e bere tutto d'un fiato. Così facemmo anch'io e Daniele, per tre o quattro volte consecutive, ammettendo che effettivamente quel liquido dolce e ricco di alcool era molto buono. Ma quando io ed il mio amico Cioni avevamo gli occhi già abbastanza spenti e iniziavamo a sperare di poter raggiungere la nostra camera per dormire uno dei due greci si fece avanti dicendo: "ho una bellissima sorpresa per voi; abbiamo organizzato una gara in notturna e adesso torneremo al campo a sparare". Daniele mi guardò e senza mostrare alcun problema mi confidò in segreto. "Questi due scherzano col fuoco e non sanno che noi se beviamo un po' di alcool non facciamo mai zero" concludendo con una risatina "ah ah ah".

Salimmo sulla macchina dell'organizzazione e dopo poco eravamo al campo dove però i nostri amici non erano ancora arrivati. Il campo illuminato dalle luci era anche più suggestivo e c'era una quantità infinita di persone accorse per assistere alla gara in notturna. I nostri due amici non tardarono ad arrivare a bordo di un'ape dove avevano messo sul cassone un grande scatolone. Uno di loro esordì spiegando le regole della gara: "il tiratore che fa zero deve immediatamente mangiare una banana e soltanto quando l'avrà finita il tiratore successivo potrà sparare al suo piattello. Il pubblico può fischiare applaudire ed urlare soltanto quando il tiratore sta mangiando la banana ma dovrà fare silenzio quando si riprende a sparare. Tutto chiaro?"

Così ci mettemmo il gilèt entrammo in pedana dove due ragazzi, con in mezzo lo scatolone pieno di banane, erano già pronti con la banana sbucciata in mano. Io che chiaramente dovevo iniziare mi feci coraggio e chiamai il piattello che puntualmente sbagliai. La folla iniziò a fischiare e gridare "bànàna... bànàna... bànàna...", a che il ragazzo mi venne incontro ed io mangiai, dalla sua mano, tutta la banana poi sparo Daniele, i nostri amici e toccò ancora a me che sbagliai di nuovo; "bànàna... bànàna... bànàna...". Mangiai la seconda banana e così via.

Io non riuscivo proprio a capirci niente e non mi consolava il fatto che anche gli altri sbagliassero spesso. Il pubblico invece si stava divertendo tantissimo ed io ero diventato il loro eroe. Alla fine avevo mangiato 17 banane, abbastanza di più degli altri tutti intorno alle 10, 12 banane mangiate. Ricordo che non andai mai più al gabinetto fino a diversi giorni dopo il mio rientro in Italia e per anni non ho più potuto avvicinarmi a quei frutti odiosi.

Capitolo 44
Pappagalli bianchi

Il campo di Sydney tutto sommato assomigliava a quello di Perth e come quello, presentava un sacco di difficoltà sia per i lanci insidiosi sia per gli sfondi che erano molto simili fra loro. Di fronte ai campi c'era una pianura perfetta ed infinita e probabilmente noi, non essendo abituati a sparare verso simili profondità, non riuscivamo a decifrare con sicurezza le velocità e le angolazioni dei piattelli. Aldilà di tutto ciò, io avevo ben impresso nella mente il trionfo di nove anni prima e sentivo di essere invaso da una sensazione positiva seppur incosciente. Quando eravamo venuti a Sidney, per conoscere il campo, in occasione della Pre Olimpica avevamo toccato con mano quelle difficoltà e ci impegnavamo a trovare qualche appiglio nella speranza di poterle superare.

Di quelle Olimpiadi australiane ho dei ricordi meravigliosi ad iniziare dal villaggio olimpico che era straordinario. Sui campi c'era un'atmosfera più tranquilla che ad Atlanta, e forse su questo era molto influente la temperatura molto simile alla nostra; ricordo che c'erano degli alberoni che ci davano la possibilità di stare all'ombra e che ospitavano una quantità di pappagalli bianchi e rosa, grandissimi e simpaticissimi e che diventavano meravigliosi quando volavano. La squadra era la stessa che aveva partecipato, l'anno precedente, a quel Campionato d'Europa di Poussan occupando interamente il podio.

Ciò che sto per dire è ciò che sentivo forte dentro di me e che sento ancora oggi, e quindi se lo omettessi dal racconto, non sarei pienamente fedele alla mia storia. Però non vorrei mai che qualcuno pensasse che è un mio modo per attribuire colpe per i miei altalenanti risultati, che ho invece sempre e soltanto attribuito alla mia incapacità e debolezza. Comunque sia, negli anni che seguirono il mio distacco dalla Winchester, avvertivo chiaramente la differenza della fisionomia balistica fra le vecchie Silver e le nuove cartucce. E non voglio nemmeno, nel modo più assoluto, dire che le cartucce Baschieri fossero meno performanti di quelle Winchester, dico soltanto che erano diverse nelle loro caratteristiche balistiche e, a riguardo di ciò, penso con certezza che ciò che può essere d'aiuto per me può non esserlo per qualcun altro. È anche vero che apparentemente le Flash funzionavano bene ed io mi sforzavo di credere che fossero assolutamente adeguate ed anzi, volevo pensare, che forse potevano essere anche migliori delle Silver contando sulla possibilità che le convinzioni della mia nuova azienda fossero più valide delle mie.

La gara, come avevamo previsto, fu difficilissima per tutti e, ad eccezione di Michael Diamond che sembrava fare una gara a se stante, facemmo tutti dei punteggi abbastanza bassi. Il mio 115/125 fu sufficiente per entrare nella finale olimpica. Più avanti di un piattello c'era Pellielo e Kostelecky e, a 118/125 Jan Peel. Da solo largamente al comando con quattro piattelli di vantaggio Michael Diamond. Ricordo che in quell'occasione interpretai la finale molto bene e dopo che tutti gli altri, a parte Michael, avevano fatto qualche errore, io a 6 piattelli dalla fine ero ancora immune da errori e quindi con la medaglia di bronzo a portata di mano. È a questo punto che mi mancò qualcosa e lo zero al 20° tiro mi strappò il sogno di un'altra medaglia, e fu seguito da un altro zero che mi relegò al quinto posto. Ho sempre pensato che se avessi potuto contare sulle mie cartucce dell'anno precedente quel risultato a Sidney sarebbe stato complessivamente più alto. In tutto ciò non ho mai nemmeno pensato di criticare chi aveva realizzato quelle mie nuove cartucce anzi, ho sempre avuto una convinzione ferma sul fatto che ognuno debba credere in ciò che ha imparato attraverso le proprie esperienze, e che non è che è assolutamente certo che alla fine tutto sia vero per tutti e che non è detto che quelle cartucce che per me erano state fondamentali nel raggiungimento di molti traguardi lo sarebbero state anche per altri. Comunque sia sono certo di aver sbagliato prendendo quella decisione affrettata ed alla fine non posso nemmeno non valorizzare un quinto posto in un'Olimpiade che è un traguardo di assoluto rilievo.

Con l'anno 2000 e considerando anche la gara olimpica di Sidney si aprì un quadriennio assolutamente poco proficuo dove non riuscii mai a vincere una gara. Sicuramente questo sarà dipeso da più di un fattore e di certo avrà influito anche un calo delle mie potenzialità dovute anche all'avanzare dell'età ma è sicuro che io non ho mai trovato, mio malgrado, un feeling con le mie nuove cartucce, per quanto, abbia cercato con tutte le mie forze di trovarlo. In quei cinque anni, oltre ad una serie abbastanza lunga di gare tutte condotte a molta distanza dalle prime posizioni, si può ricordare soltanto il Campionato d'Europa 2002 ed il Campionato d'Europa 2003. Il primo di questi si svolse a Lonato ed in quell'occasione fui convocato in una squadra composta da me Viganò e Pellielo. La mia prima serie al campo due di Lonato fu abbastanza drammatica poiché al settimo piattello commisi addirittura il quarto errore. Dietro di me l'amico e fratello Carlo Ciarimboli, che in quell'occasione era partito da Terni per seguire la mia gara. Probabilmente quell'inizio così devastante svegliò delle forze che si erano assopite in quel momento e che mi permisero di non fare altri zeri e chiudere con 21/25. Uscii di pedana profondamente contrito e confidai a Carlo che probabilmente non avevo più da spendere le stesse energie che mi avevano consentito di dominare la scena per tanto tempo e che sarebbe stato il momento di mollare. Lui, che aveva un'esperienza diretta avendo fatto anni prima, più di una presenza in Nazionale, mi disse che non era assolutamente sicuro ciò che io pensavo ma si trattava soltanto di riuscire a recuperare quegli stimoli che mi avevano animato un tempo. Probabilmente Carlo toccò qualche corda abbastanza importante ed io, la seconda e la terza serie, realizzai due 25/25. Poi il giorno seguente feci ancora 49 e con 120 ero il secondo di una finale guidata da David Kostelecky con due piattelli di vantaggio su di me. Il suo 23/25 ed il mio 25/25 fatti in finale ci portarono a concludere la gara con lo stesso punteggio di 145/150 e sarebbe stato necessario lo Shoot off per decretare il vincitore.

In quell'occasione il vincitore fu David Kostelecky che prese il primo piattello (centrale) mentre io lo sbagliai (sinistro angolato). Anche quella regola che prevedeva lo Shoot off partendo da pedane diverse e sparando piattelli di diversa difficoltà non era assolutamente giusta ma era la stessa che mi aveva visto vincere la medaglia di bronzo a Barcellona 92 contro Damme ed il titolo italiano 99 contro Robertone Scalzone e Massimo Croce. Quindi pur prendendo atto che il mio piattello era stato assolutamente più difficoltoso del suo non feci che accettare la situazione di buon grado ed andai ad abbracciare David Kostelecky condividendo appieno la sua gioia anche perché anche lui fa parte dei campioni assolutamente sportivi e che per questo ai miei occhi meritava quel suo primo successo importante.

Il Campionato d'Europa dell'anno successivo che si disputò a Brno in Cecoslovacchia assumeva toni molto più importanti poiché era l'ultima possibilità dove l'Italia poteva conseguire l'ultimo pass olimpico per Atene 2004. Partecipammo a quell'evento io, Massimo Fabbrizi e Massimiliano Mola. Fabbrizi era un giovanissimo emergente che aveva vinto molto come junior e aveva messo in luce grandi prospettive che poi verranno mantenute alla grande, e Massimiliano Mola era un tiratore pugliese che negli ultimi anni aveva dimostrato di essere uno dei più forti tiratori in circolazione. Io e Fabbrizi tenemmo abbastanza bene in piedi la possibilità di competere fino all'ultimo e finimmo io con 119/125 e lui con 118. Il mio punteggio mi consentì di continuare a sperare in quel pass potendo accedere ad uno Shoot off a sei tiratori per tre posti disponibili in finale. Ce la feci ad entrare in quella finale e poi a fare 25/25 riuscendo a vincere all'ultima occasione quella carta olimpica che ormai sembrava sfumata. Esultai più forte di sempre pensando che da lì poteva nascere l'opportunità di poter partecipare ancora una volta alle Olimpiadi dopodiché, ne

Figura 44.1: *Esplosione di gioia per la vittoria della carta olimpica all'europeo di Brno 2003*

ero assolutamente certo, avrei mollato, abbandonando il professionismo, conscio che questo sport meraviglioso mi aveva concesso tantissimo e che sarebbe stato necessario lasciare il passo a tiratori più giovani che ambivano, con maggiori possibilità di me, ad ottenere traguardi importanti come 25 anni prima avevo fatto io. Quella medaglia di bronzo in quella trasferta cecoslovacca rappresentò l'ultimo mio momento bello del tiro da professionista poiché con quella gara si aprì sotto ai miei piedi una voragine che non mi sarei mai aspettato nella quale alcune delle persone che avevo considerato miei amici particolari e che avevo amato di più ebbero atteggiamenti assolutamente inaccettabili ed imprevedibili che condizionarono irrimediabilmente le mie possibilità di competere e che mi segnarono profondamente e per sempre. Quindi concludo qua la mia storia come tiratore della nazionale italiana. Resta il fatto che comunque ho continuato a praticare e ad amare questo sport senza avvertire mai la possibilità di smettere di farlo cercando ogni sistema per rimanere parte attiva del mondo del tiro a volo.

Capitolo 45

"L'unico capitano"

In funzione dell'avversione nei confronti dell'attività venatoria da parte di persone che si spacciano per ambientalisti ma che in effetti non conoscono nemmeno lontanamente cosa significa vivere ed amare l'ambiente naturale ed i suoi abitanti, molti anni fa, presero forza alcune fazioni politiche che riuscirono a decretare la chiusura della caccia a diverse specie che erano molto presenti sul territorio e che avevano, per molti anni, soddisfatto la passione di molti cacciatori tra cui quasi tutti gli appartenenti alla Banda Masetto.

Io e babbo andavamo spesso a caccia di fringuelli, che oltre ad essere degli uccelletti austeri e di grande carisma, erano anche apprezzati come alimento eccellente da mangiare in arrosti girati sul fuoco che rendevano indimenticabili le nostre domeniche invernali. Fu così che con i miei amici Rudy, Lanfranco, Carlo, Velio e molti altri iniziammo ad approfondire la caccia ai colombi utilizzando i volantini come richiamo, e cacciando su capanni costruiti sulle piante. E fu così, cercando nuove opportunità di questa nuova forma di caccia, che io e Rudy, l'amico che ha accompagnato come un fratello 25 anni della mia vita non soltanto venatoria, un giorno, a Venturina, si conobbe Romano Nencini, che aveva da sempre cacciato i colombacci sul litorale livornese.

Romano fin dal primo incontro dimostrò un umiltà ed

una umanità così profondamente radicate che ci prese alla sprovvista. Lui ci accolse come fossimo stati due amici fraterni, e ci portò a visitare le sue zone venatorie narrandoci storie di una caccia e di una vita che a noi risultavano assolutamente sconosciute. Il suo capanno era curato in ogni particolare e lui ci spiegò senza gelosia e senza alcuna inibizione, ogni sua strategia di caccia messa a punto in tanti anni di vita venatoria. Parlava con amore dei suoi piccioni da richiamo e raccontava di mille sue giornate passate "nella macchia", di fuochi accesi e dei riporti del suo cane inseparabile Jimbo, delle colazioni al capanno con gli amici e della bellezza di quei branchi di colombacci che passavano andando veloci verso il mare. Fu un racconto assolutamente affascinante pur senza mai parlare di carnieri o di abbattimenti di colombacci. E quando ci disse che due dei suoi avrebbero lasciato libero il posto al capanno io e Rudy ci guardammo negli occhi e capimmo immediatamente che avevamo deciso che Romano sarebbe stato, d'ora in poi, il nostro "capitano". E così abbiamo vissuto dieci anni straordinari insieme ad un uomo straordinario in un ambiente unico al quale resterò per sempre legato, e dove vorrei, un giorno, venissero sparse le mie ceneri.

Quando io e Rudy al mattino arrivavamo in prossimità del "Campo di Felicione" (nome del capanno) intravedevamo fra le piante la luce accesa nella nostra capanna dove era già pronto il caffè. Il capitano stava già sistemando i piccioni sulle racchette ed i volantini sulla posatoia; lui si anticipava sempre di una mezz'ora per poter prendere il caffè con noi e per poter stare un pochino insieme esprimendo ognuno le nostre aspettative sul passo che la giornata che stava nascendo ci avrebbe potuto regalare.

Il nostro gruppo era completato da Paolo Francioni cacciatore appassionato e bravo anche come tiratore al piattello. All'ora di pranzo era un rito scendere tutti in capanna dove Romano aveva preparato il suo piatto tipico, "la pasta del capitano" accompagnata dal vino bianco di Cecco, rigorosamente fresco. Quando sopraggiungeva la sera, io e il mio amico Rudy, rientravamo a casa, a pochi minuti di strada dal capanno, raccontandoci le emozioni vissute quel giorno ed iniziando già a sognare su quello successivo, con al fianco la Rosy e la Carlotta, le nostre cagne fedeli che vivevano nel nostro riflesso. Per me e Rudy sono stati dieci anni di condivisione totale, dove abbiamo respirato emozioni all'infinito, dove abbiamo capito ancora di più quanto sia prezioso l'amore del tuo cane, il valore dell'amicizia e dove abbiamo capito con assoluta certezza quanto si fosse stati fortunati ad incontrare sul nostro cammino quel grande uomo cacciatore che per noi resterà per sempre "L'UNICO CAPITANO".

Figura 45.1: *Il "capitano" Romano Nencini*

Capitolo 46

"Puro amore"

Cesare Bornaghi si avvicinò dicendomi che era venuto a conoscenza che io avrei abbandonato il tiro professionistico e chiedendomi se fossi stato disponibile per affiancarlo nella realizzazione di una gamma di cartucce da tiro a volo. Sicuramente non mi aspettavo una richiesta del genere ma fui molto lusingato dal fatto che avesse pensato proprio a me per un compito così importante e complesso. Risposi che in effetti io avevo maturato negli anni una immensa passione nei confronti della balistica e raccontai nei particolari la mia storia in Winchester al fianco di Claudio Romagnoli. Lui aveva seguito quella storia e apprezzato molto le cartucce che avevamo fatto e per questo gli sarebbe tanto piaciuto capire cosa avremmo potuto fare insieme io e lui. Il compito mi apparve sproporzionato per le mie capacità ma non posso nascondere che l'idea mi affascinava profondamente. Quindi risposi che ci avrei dovuto pensare lasciando la porta aperta per un eventuale altro nostro incontro nella sua azienda.

In quel periodo passavo molto tempo con Roberto Mazzei con il quale avevo stretto un'amicizia profonda e nel quale ho sempre riposto molta stima. Quando gli riportai la proposta che mi aveva fatto Cesare lui mi disse subito che anche se non volevo ammetterlo, era proprio la cosa che io desideravo di più, e mi sensibilizzò molto a riflettere bene e di non aver paura ad accettare un ruolo che sicuramente anche ai suoi occhi era molto complesso, ma che secondo lui avrei potuto affrontare alla grande. Lui mi avrebbe affiancato.

Figura 46.1: *Con il mio grande amico Roberto Mazzei*

La settimana successiva salii a Treviglio insieme a Roberto. Quel giorno di un ormai lontanissimo 2005 ebbe inizio un'avventura fantastica. Intuii subito le vedute lungimiranti di Cesare, conobbi Giovanni Bornaghi detto Chicco con il quale ho collaborato per anni nel mettere a punto le cartucce ed anche la signora Marisa, madre di Cesare e Chicco, nonché moglie di Franco Bornaghi che fu uno dei campioni più forti della storia del tiro piccione e che aveva dato gli albori alla fabbrica delle cartucce.

In ufficio alla scrivania dietro lo schermo del computer c'era una ragazza mingherlina, bionda e molto giovane che Cesare mi presentò come sua cugina Alberta dicendomi che era una fuoriclasse nel gestire l'amministrazione dell'azienda. Con lei instaurai subito un rapporto molto collaborativo che non si è mai interrotto e che anzi è sempre andato crescendo. È lei che, quando è mancato Cesare, ha contribuito in modo sostanziale al mantenimento in vita dell'azienda Bornaghi della quale oggi ha assunto la guida generale. È lei che con il suo entusiasmo mi dà la voglia e l'energia per continuare a progettare e realizzare cartucce cercando ogni giorno di migliorarci ed è lei che riesce a guidare la nostra azienda come se fosse una immensa famiglia composta, oltre a noi, da tutti i nostri tiratori. Così, con una cartuccia che si chiamava Extreme, iniziai il mio impegno che non posso definire lavoro in quanto per me è "AMORE PURO". Quella cartuccia era soltanto un punto di partenza di una storia che iniziava dove era finita, con la Silver, un'altra storia bellissima. Custodendo dentro me ogni insegnamento prezioso ricevuto da Claudio ai tempi della Winchester ho continuamente cercato di studiare componenti e compromessi che mi permettessero di procedere su quella strada cercando di migliorare la qualità delle cartucce e di raggiungere performance sempre migliori. In questo processo e soprattutto nei momenti difficili ho sempre avuto l'appoggio e sentito tanta fiducia da parte di Alberta che non ha mai smesso di spronarmi a cercare nuove soluzioni innovative.

Devo esser grato a Cesare per avermi regalato quest'avventura che mi ha permesso di restare ancorato al mondo

Figura 46.2: *Un trio d'eccezione... alla mia sinistra Alberta Ballini direttore generale della Bornaghi e a destra Roberta Belli suo braccio destro*

del tiro a volo e di continuare ancora, attraverso i miei tiratori, a lottare per la vittoria sportiva. Il rapporto con i miei amici e con le mie cartucce è per me fonte di vita e di emozioni profonde.

Capitolo 47

Tornare a credere in me

Dopo la parentesi finale della mia vita da tiratore della Nazionale, che mi vide svuotato completamente, da problemi interpersonali che non hanno niente a che fare con il senso sportivo e nemmeno rispondono alla normale coerenza e sincerità umana, era restata dentro di me una gran voglia di mettermi alla prova e cimentarmi in gara ai massimi livelli esclusivamente per dimostrare a me stesso che quella figura di bassissimo livello fatta alle Olimpiadi di Atene non era dovuta alla fine delle mie possibilità competitive, ma a ben più gravi problemi che derivavano da ciò che mi circondava. L'occasione mi fu data nel 2007 dalla Gold Cup Beretta programmata a Lonato immediatamente prima di una prova di Coppa del Mondo, che si sarebbe svolta su quello stesso campo, e dove quindi era presente la squadra nazionale italiana e tutte le altre Nazionali con tutti i tiratori più bravi del mondo alla ricerca dei pass per le Olimpiadi 2008.

Fu molto bello per me trovarmi di nuovo fra tutti quei campioni con i quali avevo un bel rapporto, e con i quali avevo lottato per tanto tempo. Erano trascorsi tre anni da quella esperienza drammatica e dolorosa in Grecia, ed io avevo recuperato la mia serenità adeguandomi ad un nuovo modo di vivere il tiro a volo e soprattutto accettando di autoescludermi da quel mondo che avevo vissuto e amato per tanti anni ma che ora non mi calzava più. Mi faceva piacere anche poter utilizzare in quella gara così importante le mie nuove cartucce Bornaghi, alle quali già mi sentivo profondamente affezionato, e nelle quali riponevo la stessa fiducia che avevo avuto nelle cartucce realizzate con Claudio ai tempi della Winchester. Così con mia moglie, che mi era stata sempre vicina nei miei momenti di sconforto, l'S05 che avevo rispolverato, e le mie nuove creature, partii alla volta di Lonato. Lì trovai Silvano Basagni che conosceva bene la mia storia e che aveva contribuito, con i suoi preziosi consigli, a risollevarmi dal baratro nel quale ero caduto. La sua presenza, su quel campo che mi aveva visto tante volte vincitore, fu sicuramente molto importante per poter dare il meglio di me.

Così iniziò la gara ed io avvertii nella mia psiche le stesse energie e la stessa determinazione che avevo avuto nei miei anni migliori. Per entrare in finale alla Gold Cup era necessario superare tutti i tiratori della categoria eccellenza e tutti i tiratori internazionali. Ed io ci riuscii per poi condurre senza errori anche la serie finale e vincere quella coppa con 171/175. Per me fu una soddisfazione magistrale e nella forza che misi nell'abbraccio a Silvano sentii svanire tutta la rabbia per la sofferenza che avevo dovuto sopportare. Quel trofeo lo vedo ogni giorno e tante volte mi soffermo rileggendo nelle sue forme l'emozione forte di quella vittoria che fu fortemente benefica sulla mia mente e sulla mia anima. Quella vittoria fu anche la prima di quella gamma a marchio Bornaghi appena nata e che poi negli anni sarebbe cresciuta fino a diventare protagonista del palcoscenico importante del tiro a volo. La mia Coppa d'Oro Beretta la dedicai a Fosco, il mio vecchio amico

Figura 47.1: *Gold Cup 2007*

cacciatore di Padule, che era stato insieme a babbo uno dei primi a credere in me, e che quel giorno mentre io stavo vincendo la mia ultima gara, intraprese il suo ultimo viaggio verso il cielo.

Figura 47.2: *Un uomo eccellente... Fosco Innocenti detto "Cantarini"*

Capitolo 48

Tirando le somme!!

E adesso che siamo giunti alla fine di questo racconto di poche pagine, ma che rappresenta cinquant'anni della mia vita, non posso che concludere tirando un po' le somme...

Qualcuno spesso mi domanda: "Cosa ti resta Marco di tutta una vita dedicata al mondo del tiro?" Senza esitare rispondo che sono contento. Sono contento delle infinite emozioni che quella vita mi ha saputo regalare e giunto alla mia età di 64 anni, di avere un figlio ed un nipote che rappresentano il mio vero successo. È stata dura veder nascere Tommaso e lasciarlo dopo due giorni, non poter accompagnarlo durante i suoi primi anni di vita, ma è anche vero che oggi ho un figlio con il quale continuare a programmare e sognare il suo futuro, che mi ha dato Giulio che mi permette di recuperare l'emozione che non avevo potuto vivere pienamente per lui. Sono contento di guardarmi alle spalle e trovare tante vittorie ma soprattutto di avere sempre accettato con umiltà la delusione della sconfitta e di aver amato il tiro a volo molto prima di essere riuscito a vincere. Sono contento di aver potuto condividere con i miei compagni lo spirito di squadra e l'abbraccio fortissimo della vittoria. Sono contento di aver incontrato durante il mio viaggio tanti amici di caccia e di tiro e di sentire ancora oggi la necessità di dividere con loro la mia giornata di libertà. Sono contento di non aver mai abbandonato il mondo del tiro a volo, e di poter vivere ancora oggi lo sport inseguendo la vittoria con le mie "cartucce Bornaghi", immerso in un'avventura straordinaria. Sono contento di poter passare più tempo con Elena, che mi ha sempre aspettato. Sono contento di aver dato a mio padre e mia madre la gioia di vedermi felice sul podio. Sono contento di aver pianto a dirotto per il sogno realizzato di una medaglia.

E soprattutto sono contento che oggi mi resti la consapevolezza di aver fatto la scelta giusta... di "AMARE LO SPORT"... che è stato la mia palestra di vita, *che mi ha spinto ad un costante sacrificio per migliorare la mia prestazione sportiva, unicamente... nel miraggio della vittoria...*

"SENZA NESSUN ALTRO INTERESSE"

Appendice 49

Trasformazione di un mondo meraviglioso

Mi sento di ripercorrere con voi gli anni che ho passato nel tiro al piattello analizzando le sue trasformazioni ed esprimendo il mio modesto parere soprattutto nei tre punti che elenco:

1. le regole della competizione
2. la variazione del grammaggio del piombo nelle cartucce
3. la realtà tiravolistica sul territorio.

Negli anni 70 il tiro era uno sport che stava acquistando giorno dopo giorno maggiore considerazione da parte di tutti. Era uno sport assolutamente razionale dove la competizione si basava su regole molto semplici.

1. Si sparava ad un piattello per volta in serie da 25 tiri e alla fine era premiato colui che aveva rotto il numero più alto di piattelli. In caso di parità, per la vittoria, si procedeva ad uno spareggio ad altri 25 piattelli dopodiché eventualmente veniva effettuato uno spareggio all'americana ossia con eliminazione al primo zero.
2. si utilizzavano cartucce dotate al massimo di 32 gr di piombo.

3. Sul territorio esisteva una rete capillare di piccole società a carattere paesano guidate da persone prive di qualsiasi interesse se non quello di dare la possibilità a tutti di praticare lo sport del tiro al volo mettendo a disposizione la propria sapienza per aiutare chiunque volesse provare a sparare.

Tutto mi sembra molto elementare e soprattutto molto regolare. Questa realtà aveva generato uno sport che si poteva definire quasi di massa dove in qualsiasi paesino che vantava un campetto di tiro, quasi tutta la popolazione conosceva il nostro sport e molti erano anche praticanti. Negli anni 70 il tiro piattello era diventato un business con diverse decine di migliaia di praticanti. Credo che un atteggiamento intelligente dovrebbe dare molta importanza all'esperienza vissuta nel tempo ed attenersi a quella preoccupandosi soprattutto di non distruggere ciò che aveva creato un mondo così straordinario. Invece il tiro ha subito nel tempo trasformazioni radicali e oggi non è nemmeno associabile a quello che si praticava cinquant'anni fa.

La prima cosa che voglio evidenziare è che oggi non esistono quasi più le piccole società di un tempo che erano in grado di farci conoscere e soprattutto di far provare il tiro ai neofiti. Secondo me senza quelle piccole realtà paesane non possiamo che subire un decremento costante del numero dei tiratori. Sarebbe come se nel calcio ci fossero solo l'Inter, la Juventus, la Fiorentina; credo che per far iniziare a giocare a pallone ci vogliono le piccolissime squadre dove tutti i bimbi del paese provano a giocare con la prospettiva poi di avvicinarsi alle società di categoria superiore. Alla sparizione di questa realtà ha contribuito sicuramente l'avversione alle armi ed un ambientalismo superficiale ed incoerente di molte persone ma credo sia stata accettata passivamente l'evidenza investendo troppo poco impegno e denaro per mantenere viva una realtà così importante.

Per quanto riguarda la variazione della quantità di piombo nella cartuccia ritengo che siano state formulate delle regole con troppa superficialità e senza molte conoscenze balistiche. I 24 g di piombo che sono ammessi oggi rappresentano una dose troppo bassa per garantire un'efficacia certa all'interno del diametro di rosata, soprattutto nella specialità Fossa Olimpica. La zona centrale che garantisce la rottura del piattello è diventata troppo piccola e purtroppo nei 30 cm esterni dello sciame dei pallini entra in gioco una componente che con lo sport non ha niente a che fare e cioè la casualità. Per spiegarmi meglio io considero che il piattello che viene colpito con la fascia esterna dello sciame dei pallini si può rompere o no in base a quanti pallini, in quale zona del piattello, e con quale energia viene colpito. Tutto ciò è facilmente confermato dal fatto che la rosata di una cartuccia a 24 g e di una a 28 g hanno lo stesso diametro di circa 80 cm a 30 m ma i punteggi che scaturiscono dall'utilizzo delle due cartucce sono assolutamente diversi. Tutto ciò è a discapito soprattutto dei tiratori meno forti e soprattutto di chi deve iniziare a praticare il tiro. In ultimo voglio anche dire che se ci vogliamo nascondere dietro ad un discorso di spargimento di piombo nel terreno io penso che a conti fatti ne spargiamo di più con le cartucce a 24 g poiché i tiratori ricorrono con molta più frequenza al secondo colpo e mediamente per una serie di 25 piattelli vengono usate una decina di cartucce in più.

Per quanto invece riguarda la variazione delle regole io penso che, in effetti, si era reso necessario un intervento per poter rendere la gara più snella e dare importanza anche alla spettacolarità dell'evento finale, ma credo anche che molto spesso per ottenere questo non si sia badato alla condizione sportiva che dovrebbe mirare soltanto a premiare l'atleta più preparato. Come già vi dissi, io ritengo che quella formula che fu usata negli anni 80 che prevedeva la distanza dei 225 piattelli dove, dopo i 150 proseguivano solo i primi 24 della classifica, fosse la più azzeccata. Se poi si ritiene che i 225 piattelli siano un po' troppo impegnativi anche sul piano economico accettiamo la distanza di 125 + 25 della finale ma non è accettabile che oggi si snaturi il nostro sport sparando con un colpo solo cosa che non è contemplata nella specialità Fossa Olimpica. La tendenza che ho notato nella gestione dei regolamenti dagli anni 90 in poi, e con sempre crescente impegno, è stata la ricerca di rendere spettacolare la gara aumentando l'imprevedibilità del risultato senza dare molta importanza alla bravura dell'atleta. Sparare con un colpo solo è completamente diverso dall'utilizzo dei due colpi e scombussola profondamente la mente del tiratore annientando le sue certezze come se nel tennis giunti alla fine del set in parità si dovesse procedere con una racchetta appesantita di un kg. Del resto anche nelle gare societarie di minore importanza si tende una volta arrivati alla fine della gara ad azzerare la classifica e ripartire da zero in una serie finale per la vittoria del trofeo. Credo che sia giusto che ci siano diverse categorie, che ogni categoria dia la possibilità di vincere il proprio trofeo, ma credo che la vittoria assoluta debba essere appannaggio del tiratore che ha rotto più piattelli di tutti indipendentemente dalla categoria di appartenenza.

Queste mie conclusioni non vogliono avere nessun valore importante ma devono essere lette soltanto come uno sfogo di chi ha vissuto per cinquant'anni uno sport amandolo profondamente; quelle conclusioni possono essere più o meno condivise ma in me c'è solo la volontà di esprimere le mie vedute con il miraggio di un miglioramento, pur temendo, con grande dispiacere, che il trend intrapreso dal nostro sport sia irreversibile.

Appendice 50

Accettare... la sconfitta

Senza voler insegnare niente mi piace ripassare un attimo queste storie per sottolineare ciò che è stato fondamentale durante il corso della mia vita di tiratore e per potervi lasciare qualche consiglio da parte mia.

Credo sia stato molto importante il mio approccio iniziale senza l'appoggio di nessuno, per volere di mio padre, perché ho imparato più velocemente ad affrontare l'impatto con il dolore della sconfitta come anche con la sofferenza nell'inseguire la vittoria, organizzandomi la giornata da solo. Non posso sottovalutare gli insegnamenti fondamentali che mi sono stati dati dai vari campioni della mia epoca iniziale e credo di essere stato fortunato nell'avere avuto dei maestri così eccellenti ma credo anche che sia necessario da parte nostra essere in grado di valutare quando una cosa, per quanto giusta, sia da mettere in pratica o meno e questo lo possiamo sentire soltanto noi.

Credo sia fondamentale fin dall'inizio imparare a dar valore allo Sport ed al miraggio della vittoria e non sottovalutare mai niente, nemmeno le più piccole cose. Anzi direi che sia fondamentale dare considerazione alle scelte che si fanno proprio nelle piccole cose a partire dal nostro comportamento e preparazione pre-gara, dall'alimentazione, che non può essere uguale per tutti ma che è importantissima per ognuno, sia nei giorni precedenti che in quelli di gara, la scelta degli accessori che si usano per sparare come le scarpe, la maglia, gli occhiali, e poi la scelta del fucile e delle cartucce che non sono tutte uguali come molti con superficialità credono. Non è mai positivo ricorrere, in seguito a prestazioni negative, a frequenti modifiche dell'impostazione o del calcio del fucile, ed al riguardo delle cartucce, che è l'argomento al quale sono più legato, dico che non è detto che una cartuccia sia la migliore o la peggiore per tutti ma credo che, per ottenere il nostro massimo, la scelta sia da ponderare con attenzione. Nella gamma di ogni azienda ci sono cartucce con caratteristiche molto diverse tra loro e vale la pena di spendere molta attenzione per cercare di capire quale sia la più adatta per ognuno di noi. Quando, a questo riguardo, avevo dei dubbi, facevo un test, sparavo un numero preciso di piattelli con una cartuccia e poi lo stesso numero con l'altra, scegliendo quella che mi dava più risultato indipendentemente dalle impressioni e dal prezzo. In ultimo credo che per ognuno che affronta la pedana sia da produrre il nostro massimo impegno sempre, anche quando tutto sembra precipitare, accettando di perdere prima di voler a tutti i costi vincere, considerando che *solo attraverso la delusione forte della nostra sconfitta si può generare la forza per raggiungere la vittoria.*

Un ringraziamento particolare al mio amico Massimo Biliotti per la tenacia con la quale mi ha spinto a scrivere queste memorie che senza di lui non avrei mai pensato di scrivere.

Un grazie immenso a coloro che hanno accompagnato in modo stupendo ogni momento della mia vita:
la mia famiglia ed i miei amici veri.

Marco Venturini nato a Pistoia il 12/07/1960
Inizia a sparare nel 1975 all'età di 15 anni raggiungendo negli anni successivi i seguenti traguardi:

1979 Campione italiano junior, Roma
1979 Campione mondiale junior, Montecatini
1980 Campione italiano junior, Montecatini
1980 Campione europeo junior, Saragoza (Spagna)
1981 Campione italiano 1° categoria, Montecatini
1987 Medaglia d'oro Giochi del Mediterraneo, Damasco (Siria)
1988 Medaglia di bronzo Campionato Europeo, Istanbul (Turchia)
1989 Campione europeo, Zagabria (Jugoslavia)
1989 Campione mondiale, Montecatini
1989 Medaglia d'argento Campionato del Mondo, Double Trap, Montecatini
1990 Medaglia di bronzo Campionati del Mondo, Mosca
1991 Campione mondiale, Perth (Australia)
1991 Campione italiano categoria extra, Lonato (Brescia)
1992 Medaglia di bronzo ai Giochi Olimpici di Barcellona
1993 Campione mondiale, Barcellona
1994 Medaglia d'argento Campionato Europeo, Lisbona (Portogallo)
1994 Vincitore della Coppa del Mondo, Monaco (Germania) e Record del Mondo 149/150
1995 Vincitore della Coppa del Mondo, Monaco (Germania)
1996 Componente la squadra italiana ai Giochi Olimpici di Atlanta

1998 Vincitore prova di Coppa del Mondo, Il Cairo (Egitto) e della Carta Olimpica per Sidney 2000
1998 Medaglia di bronzo, Campionato del Mondo, Barcellona

1999 Campione Italiano cat. eccellenza, Lonato (Brescia)
1999 Campione europeo, Poussan (Francia)

2000 Quinto ai Giochi Olimpici di Sidney 2000

2002 Medaglia d'argento Campionato Europeo, Lonato (Brescia)
2003 Medaglia di bronzo Campionato Europeo Brno e Carta Olimpica per Atene
2004 Componente la squadra olimpica di Atene
2005 Campione italiano specialità fossa universale

Campione europeo a squadre
1989-1990-1991-1994-1999-2001

Campione mondiale a squadre
1989-1990-1993-1994-1995-1998

2019 Insignito del collare d'oro al valore sportivo

www.ingramcontent.com/pod-product-compliance
Ingram Content Group UK Ltd.
Pitfield, Milton Keynes, MK11 3LW, UK
UKHW021837270726
14058UKWH00002B/200

9 788883 980930